JN096115

古代中世の日本

古代中世の日本（'23）

©2023　近藤成一・坂上康俊

装丁デザイン：牧野剛士
本文デザイン：畑中　猛

s-76

まえがき

　本書は放送大学の専門科目『古代中世の日本』の印刷教材として著したものです。この科目は、古代中世の日本に関する歴史を、最新の研究に基づいて考察するものです。基本となる史料や史跡の検討を踏まえ、発掘調査や新発見史料による知見を加えています。また、世界史のなかで日本史を考える視角を重視し、歴史を構造的に把握することを目指しています。

　大学で学ぶのに大切なのは、受講者が自分で調べ、考えることです。授業はそのための手助けをするものだと考えてください。放送大学の放送授業は印刷教材と放送教材を用いて行いますが、印刷教材を読み、放送教材を視聴することは、学びの入口に過ぎません。扉を開けたら、みなさんそれぞれの学びを進めてください。本書の各章末には参考文献を掲げ、本文に注をつけてあります。これらを学びの手がかりにしてください。ウェブサイトを検索することにより、さまざまな情報を容易に入手することができます。ネットワーク上の情報は玉石混交ですので吟味する必要がありますが、手がかりとして利用することは可能です。手がかりとしては利用しながら、より確実な情報を得ることを心がけることが大切だと思います。また図書館を利用することも有効です。図書館間のネットワークにより他館の蔵書を利用したり、図書館が契約している有料データベースを利用したりすることが可能な場合もあります。そういう条件を積極的に活用して、ご自分の学びを進めてください。

　本科目は2017－22年度に開講された「日本の古代中世」の後継科目ですが、別科目の扱いで、「日本の古代中世」の単位を取得した方も履修可能になっています。「古代中世の日本」と「日本の古代中世」は別の

ものです。同じ時代、同じ対象を論じても内容は異なります。歴史の認識は一つではなくいくつもあるのです。どれが正しくてどれが間違っているというわけではありません。いろいろな描き方があって、それを総合して全体が見えてくると言ってもいいでしょう。ちょうど地球を地図に描くのにいろいろな図法があるのに似ているように思います。そういうわけで、「日本の古代中世」の印刷教材・放送教材は今後も参照されていいものです。受講者・読者のみなさんには、本書と「日本の古代中世」の印刷教材を読み比べていただいてもいいと思いますが、そこにとどまらず、もっと読書の幅を広げて、歴史認識の多様性を感じていただきたいと思います。

　本書は、第１章と第８章から第12章を近藤成一が、第２章から第７章を坂上康俊が、第13章から第15章を金子拓が執筆しました。一書にまとめるのに最低限の統一は行いましたが、読者のみなさんにはむしろ執筆者による書き振りの違いにも注意していただきたいと存じます。歴史認識の方法は一人一人異なるものだからです。受講者・読者のみなさんには本書を踏み台として自分自身の歴史認識に進んでいただきたいと思います。

2023年１月
担当講師一同

目次

1 │ 古代中世の日本へ

近藤成一

《**目標＆ポイント**》　古代中世の日本の歴史を研究する意義と方法を考え、全
15 回の講義の導入とする。まず古代・中世という時代区分について考え、つ
ぎに歴史学にとっては必須の史料について考える。その上で日本の歴史を東
アジア世界のなかにおいて考える視点、また日本のなかのある地域に注目す
る視点について考える。
《**キーワード**》　時代区分、古代、中世、史料、古記録、古文書、遺物、東ア
ジア、中国、朝鮮半島、地域

1．日本史の時代区分

時代区分論

　歴史をみるのに手っ取り早い方法の一つが時代を区分してみることで
あろう。時代を区分するのにもいろいろな方法があるが、たとえば飛
鳥・奈良・平安・鎌倉・室町・安土桃山・江戸と区分するのが日本にし
かあてはまらない方法であるのに対して、古代・中世・近世・近現代と
区分するのは、地域や民族を超えた普遍的な方法である。

　人類史一般の時代区分である古代・中世・近世という時代の特徴を根
底に置いて規定するものとして、奴隷制・農奴制・資本制という生産様
式の発展段階があるとする考え方もある。しかし日本における中世農奴
制の成立については、これを 645 年の「大化の改新」に求める見解から
1590 年代の太閤検地に求める見解まで所説が分かれている。生産様式

をめぐる議論によれば、古代史・中世史が対象とする時代の全部が農奴制であるという見解から全部が奴隷制であるという見解まであることになる。所説が分かれるのは、生産様式がどのようなものであったのかを解明し、それを奴隷制なり農奴制なりと規定することが、それだけ困難であることによる。

政治体制による時代区分

　生産様式による時代区分よりは議論の少ないものに、政治体制による時代区分がある。日本の歴史においては、古代を律令体制、中世を権門体制、近世を幕藩体制と規定するものである。ただしこの区分法にももちろん議論がある。古代を律令体制、近世を幕藩体制と規定することについても異論があるかもしれないが、中世を権門体制と規定することについては、もっと多くの異論がある。

　そもそも古代と近世は相対的には統合された政治構造が認められるので、その統合原理に律令体制とか幕藩体制という名称を付すのは理解可能である。しかし中世は相対的には多元と分裂の時代であるから、そこに何らかの統合原理を見出すのには無理が否めない。体制を構成するものとして「権門」を持ってくること自体が多元と分裂の時代であることを示しているが、その権門が相互補完的な体制を構成していたといえるかどうかで意見が分かれるのである。権門相互の間に相互規定的関係が認められたとしても、相互補完により「体制」が完成されてしまえばもはや権門は権門ではないようにも思われる。単一の統合された体制の存在しない時代が中世だとする考えが根強く存在する。

2. 史料に基づいて考える

　歴史の楽しみ方はさまざまであるが、学問として歴史を研究しようと

するならば、史料に基づいて考えることが必須となる。そこで史料にどのようなものがあるのかを考えてみたい。文字で書かれたものだけが史料であるわけではなく、史料の幅をひろげることが歴史認識の幅をひろげる条件ともなっている。そのことを念頭に置きつつ、まずは文献史料から考えていくことにしよう。

国史の編纂

　王朝による正史の編纂は中国で行われた伝統であるが、日本にも導入され、720年（養老4）に『日本書紀』が撰進された。その後、797年（延暦16）に『続日本紀』、840年（承和7）に『日本後紀』、869年（貞観11）に『続日本後紀』、879年（元慶3）に『日本文徳天皇実録』、901年（延喜元）に『日本三代実録』が撰進されたが、以上の6つの国史を総称して『六国史』と称している。

　『六国史』により光孝天皇（830-887）までの正史が編纂されたが、その後も撰国史所が置かれ、宇多・醍醐2代、ないしは朱雀を加えた3代を対象とする『新国史』が編纂されたが、未完に終わり、草稿の大部分は散逸した。

　『日本紀略』は後一条天皇までを国史の体裁で編纂したものであるが、光孝天皇までの部分は『六国史』を抄出したものであり、宇多天皇以降の部分が『新国史』その他の材料を用いて編纂されている。

　1150年（久安6）に藤原信西が鳥羽法皇の命を受けて、宇多天皇から堀河天皇までを対象とする『本朝世紀』の編纂を開始したが、完成したのは宇多天皇1代のみで、しかもその部分は伝わらず、朱雀天皇承平5年（935）から近衛天皇仁平3年（1153）までの部分が断続的に伝わっている。

　私撰の国史としては、『扶桑略記』が神武天皇から堀河天皇までを扱

い、『百錬抄』が冷泉天皇安和元年（968）より後深草天皇正元元年（1259）までを扱っている。いずれも対象年代の後の早い時期に成立したものと考えられる。18 世紀末に柳原紀光が編修した『続史愚抄』は正元元年亀山天皇践祚より安永 8 年（1779）後桃園天皇葬送までを扱うが、『百錬抄』の後を承けることを意識したものと思われる。

　また、1180 年（治承 4）から 1266 年（文永 3）までの鎌倉幕府中心の事績を編年体で記した『吾妻鏡』は鎌倉幕府が存続していた時代にすでに編纂されていたと考えられているが、正史の形式を意識して、それを鎌倉幕府の歴史の編纂に適用したものといえよう。

国史大系

　塙保己一と和学講談所は『群書類従』の刊行で知られるが、『群書類従』が散逸のおそれのある諸書の集成を目的としたのに対して、国史・律令の校訂・出版については、『群書類従』とは別に計画していた。しかし出版されたのは『百錬抄』『令義解』『日本後紀』『類聚符宣抄』『日本紀略』のみであった。

　田口卯吉は塙の構想を引きついで『国史大系』17 冊、『続国史大系』15 冊を刊行し、塙の校刊本がある部分についてはそれを底本とした。田口のもとで校訂作業に従事した黒板勝美は『新訂増補国史大系』を企画し、1964 年に全 66 冊が完結した。今日では電子書籍版で利用することも可能となっており、日本史の研究に活用されている。

大日本史料

　塙と和学講談所はまた、『六国史』以後の史料の編纂も企画した。年月日順に事件の概要をまとめた文章を記し、その後に典拠となる史料を引用する形式で、『史料』ないしは『塙史料』の書名で呼ばれている。1861

年（文久元）までに 887 年（仁和 3 ）より 1024 年（万寿元）までの分 430 巻が編纂されたが、幕末の混乱のなかで事業は途絶した。

1869 年（明治 2 ）、明治天皇の東京再幸にあわせて『六国史』を継ぐ国史編纂が企画され、和学講談所跡に史料編輯国史校正局が置かれたが、修史事業が本格的に始まったのは、1875 年に修史局が置かれてからである。

修史局は、国史を編修する前提として『塙史料』の続きを編纂し『史料稿本』と称した。『史料稿本』に基づき編修される国史は『大日本編年史』という名称が付され、『史料稿本』の編纂と『大日本編年史』の編修が並行して進められた。1888 年、修史事業は内閣から帝国大学に移管され、1890 年、帝国大学は文部省に対し『大日本編年史』の出版を申請し許可されたが、1893 年に事業は停止された。

1895 年に帝国大学文科大学に改めて史料編纂掛が置かれた。史料編纂掛は『史料稿本』を校正して、1901 年から『大日本史料』として刊行し始めた。887 年（仁和 3 ）から 1867 年（慶応 3 ）に至る対象年代が 16 編に分けられ、併行して編纂が進められた。現在、全編あわせて 400 冊以上が刊行されているが、完結までにはなお相当の年数を要する。『大日本史料』未刊の部分についても『史料稿本』はあり、東京大学史料編纂所のウェブサイトから公開されている「大日本史料総合データベース」により『大日本史料』と『史料稿本』をあわせて利用することが可能である。

古記録

王朝による正史編纂が伝統として定着した中国では、正史が完成されるとその材料は廃棄されることが多かったが、正史の編纂が継続しづらかった日本では、逆に原史料が廃棄されずに残される場合が比較的には

多かった。また朝廷に仕える廷臣たちは、子孫が国史のかわりに参考にするために、自らの宮廷体験を日記に書き遺した。それらが今日では古記録として貴重な史料となっている。

　古記録については東京大学史料編纂所が編纂している『大日本古記録』が岩波書店から刊行されているほか、八木書店から『史料纂集』も刊行されている。また臨川書店から刊行されている『史料大成』も利用されている。東京大学史料編纂所のウェブサイトからは『大日本古記録』収録分を中心とする「古記録フルテキストデータベース」や「中世記録人名索引データベース」が公開されている。

古文書

　文書は政治・経済・社会の諸関係において使用される伝達手段であり、文書の本文として記された内容が史料となることもあるが、文書の存在それ自体が歴史事象である。したがって古文書を史料として使う場合には、その文書が現用としてどのように機能したのかを解析することが必須となり、そのための学問として古文書学が発達した。古文書の機能を解析する前提となるのが文書の様式分類であるが、これを徹底して行ったのが、相田二郎『日本の古文書』である。また相田の研究を土台として様式論から機能論に古文書学を発展させたのが佐藤進一『古文書学入門』であり、古代中世史を研究しようとする者の必読文献となっている。

　東京大学史料編纂所は『大日本史料』と併行して『大日本古文書』の編纂・出版を進めてきた。『大日本古文書』は当初は編年文書25冊が出版されたが、その大部分は正倉院文書を中心とする奈良時代の文書である。平安時代以降については編年の形式で出版することをやめ、所蔵者別に出版することとした。これを「家わけ」と呼んでいる。家わけ第

一が高野山文書で、現在家わけ第二十二益田家文書まで進んでいるが、なお刊行継続中の書目もある。また八木書店から刊行されている『史料纂集　古文書編』でも家わけ古文書の刊行が進められている。その他個別に刊行されている古文書もあるが、都道府県史・市町村史などの自治体史の編纂事業が古文書の新たな発見や幅広い利用に貢献してきたことも見逃せない。竹内理三は『寧楽遺文』3巻、『平安遺文　古文書編』11巻、『鎌倉遺文　古文書編』42巻を単独で編纂した[1]。『平安遺文　古文書編』『鎌倉遺文　古文書編』は編年で編纂したもので、家わけとは異なる利用方法を提供している。東京大学史料編纂所のウェブサイトからは「日本古文書ユニオンカタログ」「古文書フルテキストデータベース」「奈良時代古文書フルテキストデータベース」「平安遺文フルテキストデータベース」「鎌倉遺文フルテキストデータベース」などが公開されている。また古文書の所蔵機関から画像が公開されているものも多いが、代表的なものに京都府立京都学・歴彩館から公開されている「東寺百合文書WEB」がある。

遺物・遺跡

　発掘などにより出土した文字資料として、木簡・漆紙文書・金石文・文字瓦・墨書土器などがある。木簡は荷札や文書として使われたものが宮都や地方官衙などの遺跡から大量に出土している。漆紙文書は漆の容器に蓋として使われた反故紙が漆にコーティングされて遺存したものである。金石文は鏡・刀剣・鐘・石碑・石塔婆などの銘。瓦や土器に箆書・刻書・墨書・朱書された文字もある。

　遺物には、発掘などにより地中から出土したものとは別に、地上に伝えられてきた伝製品もある。また、遺跡にも発掘調査の対象となる埋没遺跡とは別に、地上に遺存している遺存遺跡もある。

1　東京堂出版より刊行。

　木簡などの出土文字資料は、その文字が書かれた時点の事実を語るという同時性を有するので、編纂された時点での見方により修飾が加えられた可能性のある国史などの解釈を改めうること、国史の記述しない日常生活の一端を示すものがあること、地方の遺跡から出土するものや地方からの荷札などが地方の歴史像を明らかにする材料となることなどから注目されている。

　文字が書かれた時点の事実を語る同時性という点では、古文書や古記録もそういう性格を有する。また古文書も古記録も古典籍も1点1点の現物そのものは遺物としての性格を有する。特に古文書については、その文書の書かれている紙や墨の分析の研究が進んでおり、古文書学ではそれを形態論と称しているが、紙や墨の分析がその文書の機能について何を明らかにするのか、今後の研究の進展が期待される。

画像史料

　絵図・絵巻・肖像画などの画像史料は、歴史理解を助けるものとしては以前から使われていたが、史料として利用する方法を厳密に検討しようという研究動向が1980年代以降顕著になった。東京大学史料編纂所は1997年に画像史料解析センターを併設した。

　画像史料研究隆盛の契機の一つになったのが荘園絵図の分析である。荘園絵図は文書とともに伝来したものが多く、作成目的や機能が明らかになる場合がある。東京大学史料編纂所編『日本荘園絵図聚影』が東京大学出版会から刊行されている。

3. 東アジアのなかの日本

「日本」のなりたち

　「日本」というまとまりが古くから一貫して存在してきたわけではな

く、日本列島上にはそれぞれ多様な歴史を有する地域が存在し、地域間の交流が行われてきた。また地域間の交流は列島上に閉ざされたのものではなく、東アジア世界に広がっていた。

　一国史的な通史を近代以前に遡らせることが困難なのは、ヨーロッパ史をみれば自明であるが、一見、一国史的に通史を描けるかのようにみえる「日本」の歴史も、東アジア世界のなかでの諸地域の交流として展開してきた。

　日本列島が大陸から完全に切り離されたのは、約7,000年前のことである。それ以前、新人が列島に移り住んでいたが、海水面の上昇をもたらした温暖化を背景に、14,000年ほど前から土器の製作が始まり、縄文文化が成立した。土器は食料を煮炊きしたり保存したりするのに用いられたのみならず、儀礼用にも製作され、多様な用いられ方をした。

　日本列島で縄文文化が続いていた頃、中国では農耕文明が成立し、水稲耕作と金属器が日本列島に伝わった。土器の製法も発展し、高温で焼かれたため赤褐色を帯び、薄手で少し硬めの土器が作られるようになり、弥生文化が成立した。

大陸への遣使

　中国の歴史書によると、前漢末のこととして倭に100余の国があり、前漢に使節を送るものもあったこと、57年には倭の奴国の王が後漢に、107年には倭国王帥升が同じく後漢に、239年には邪馬台国の女王卑弥呼が魏に使節を送ったことが知られる。また369年には百済から倭王に七支刀が贈られ、391年には倭が百済や加羅（加耶）地域の国々と結んで新羅を攻撃し、新羅を助ける高句麗の反撃にあった。421年から478年にかけて5人の倭王が7回、宋に対して使節を遣わした。

　6世紀には朝鮮半島から日本列島に一族で移り住んだ人々が道具や技

術を伝えた。また仏教も伝来した。

　600年、倭国は中国を統一した隋に使節を派遣した。660年、新羅が唐と結んで百済を滅ぼすと、倭は百済の復興を目指す遺臣たちを支援して大軍を送ったが、663年白村江で大敗した。

　8世紀には遣唐使がたびたび送られ、仏教と唐の文化の影響を強く受けた。804年に派遣された遣唐使に随行した最澄・空海は、それぞれ天台宗・真言宗を伝えた。

　9世紀の前半には新羅商人が新羅・唐・日本3国間の貿易を行うようになった。9世紀中ごろには唐商人も日本に来航するようになり、新羅商人にとってかわるようになった。また727年以来30回以上にわたって派遣されてきた渤海の使節も貿易を行った。渤海使は出羽から長門に至る日本海岸に来航し、奈良・京都に入った。このように、9世紀には、新羅・唐の商人や渤海使により海外の文物が盛んにもたらされ、遣唐使を派遣する必要が減じた。894年に計画された派遣が実現しなかったことが、結果として遣唐使の終焉となった。

大陸商人の来航

　907年に唐は滅びたが、江南の呉越国から日本に商人が来航し、江南の文化を伝えた。936年に高麗が朝鮮半島を統一し、960年に宋が建国された。日本は宋や高麗と正式な国交を結ばなかったが、宋・高麗の商人たちは交易のために頻繁に博多に来航した。博多周辺には、日本・宋・高麗間を往来する商人たちの居住地である「唐房（唐坊）」が形成された。天台山や五台山への巡礼を目的とする僧は宋の商船を利用して日中間を往来した。

東アジア世界の変動

　金は契丹（遼）を滅ぼした後、1127年に宋の首都開封を落とした。宋は一旦滅亡し、臨安（いまの杭州）に遷って南宋として再興された。1206年にチンギス・カン（1162-1227）を戴くモンゴル帝国が成立すると、モンゴルは金を攻撃し、1234年に滅した。モンゴルはまた1231年から高麗に侵攻した。金が滅亡した翌年の1235年からモンゴルは南宋を攻撃し、1276年に臨安を落とした。その間、1271年中華帝国として国号を「大元」と定め、1274年、通交要求に応じない日本に軍勢を送った。1281年には元・高麗の軍勢とともに旧南宋の軍勢を日本に向かわせた。こうして日本は2度の軍事侵攻を蒙ることになった。

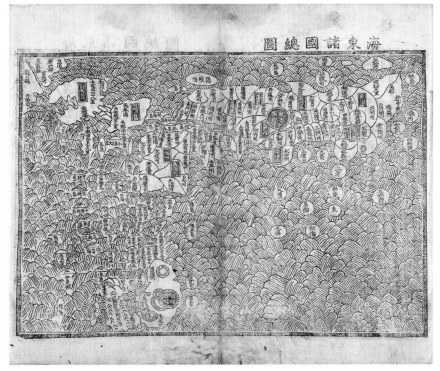

図1-1　海東諸国総図（申叔舟が1471年に撰進した『海東諸国紀』の冒頭に収められる。日本・琉球などが描かれている）

　大元モンゴル国に30年余にわたって君臨した世祖クビライが1294年に亡くなると、元は衰退に向かった。1368年に元を追って明が建国された。元の衰退により高麗は元からの自立をはかったが、1392年に李成桂が高麗王を廃して朝鮮を建国した。日本では南北朝並立を克服した年である。元から明に、高麗から朝鮮に王朝が交替する時期、日本も南北朝の並立する動乱の渦中にあった。東アジア3か国が同時期に経験した動乱を克服して、日本も朝鮮もともに明との冊封関係に入ることになる。

4. 地域の歴史

さまざまな地域

　「地域」という概念は、東アジア世界のように国家を超える範囲にも使われるし、国家のなかの部分を指して使われることもある。国家と国家をまたがる地域の存在が注目される場合もある。地域のとらえ方はさまざまであるけれども、地域の歴史を探究する姿勢の根底にあるのは、歴史を一国史の枠組みでとらえることに対する反省である。たとえば古代史について、「日本古代史」という代わりに「列島の古代史」といわれることがあるのも、「日本」という枠組みの存在を前提とせずに、列島上に展開した歴史事象を考えてみようという発想にもとづくものであろう。もちろん「日本古代史」という名称を仮に用いているからといって、「日本」という枠組みの存在を絶対的な前提としているというわけではない。

地域の歴史と歴史の潮流

　地域の歴史を描いた古典に石母田正『中世的世界の形成』や網野善彦『中世荘園の様相』がある。前者は伊賀国黒田庄、後者は若狭国太良庄

を舞台として、地域の歴史を叙述したものであった。しかし石母田が『中世的世界の形成』の序で述べているように、石母田の意図は「一つの庄園の歴史をたどりながらそこに大きな歴史の潮流をさぐりたい」というものであった。どの地域の歴史を取り上げても「大きな歴史の潮流」が貫いているというのが石母田の著書が書かれた時代の認識であり、網野の著書もその影響が続いているなかで書かれている。

　「大きな歴史の潮流」というのは、世界のどの地域においても貫いているという意味で、「世界史の基本法則」といわれることもあった。具体的には社会構成体が奴隷制—農奴制（封建制）—資本制という段階を追って発展するという法則を指している。石母田は日本における家父長制的家内奴隷制を表現するのに「古代家族」という概念を用い、古代家族から領主制への転化を根底から既定したのが、直接生産者である奴隷の農奴への成長であると考えた。

　しかし石母田が黒田庄の歴史で描いたのは、領主制の敗北である。石母田は黒田庄における「古代」と「中世」の闘争を描き、黒田庄においては「古代」が再建されて「中世」が敗北したとする。そして「われわれはもはや蹉跌と敗北の歴史を閉じねばならない。戸外では中世はすでに終り、西国には西欧の商業資本が訪れて来たのである」という文章で擱筆する。黒田庄の「戸外」ではすでに中世が終わっているにもかかわらず、黒田庄の内部ではまだ中世がやってきていない。「黒田庄をつつみこむ当時の日本社会の構造の全体をどうとらえ、黒田庄をそのなかにどう位置づけているか、その点は必ずしも明瞭ではない」[2]と受け止められることになった。

地域の個性と多様性

　網野の『中世荘園の様相』も石母田の『中世的世界の形成』の影響の

2　石井進「中世社会論」（『石井進著作集　第6巻　中世社会論の地平』岩波書店、2005年）。

もとに書かれたことは明らかである。しかし網野は後に『中世的世界の形成』を批判することになる。網野によれば『中世的世界の形成』はたしかに戦後の荘園研究の出発点であり、その影響のもとに個別の荘園を舞台に古代的な荘園領主に対する在地領主の闘争を叙述する論文が簇生した。しかし1955年頃から荘園研究が行き詰まりをみせるようになった原因は『中世的世界の形成』に胚胎していたと網野はいう[3]。

　網野によれば、『中世的世界の形成』は黒田庄を舞台としているけれども、真に個性的な黒田庄の歴史を描いたものではない。石母田が書いたのは彼の理論、石母田のいうところの「大きな歴史の潮流」であり、その理論を展開させる舞台として石母田は黒田庄を選んだけれども、黒田庄でなくてほかのどこの荘園でもよかった。石母田は、一箇の歴史的世界を叙述することを目的としながら、叙述的方法がいたるところで分析的構成的方法によって中断されざるをえなかったことを述懐しているが、網野は、分析的構成的方法による研究成果に裏づけられつつ、叙述的方法をあくまでも貫徹させるべきであったと批判する。

　網野の批判は、石母田が「荘園の歴史を一箇の人間的世界の歴史として組立てるためには、遺された歯の一片から死滅した過去の動物の全体を復元して見せる古生物学者の大胆さが必要である、この大胆さは歴史学に必須の精神である。しかしこの大胆さを学問上の単なる冒険から救うものは、資料の導くところに従って事物の連関を忠実にたどってゆく対象への沈潜と従来の学問上の達成に対する尊敬以外にはない」と述べたことにも及ぶ。石母田のいう「古生物学者の大胆さ」とは「遺された歯の一片」から「過去の動物の全体」を復元するための理論のことであり、断片的な史料から歴史像を復元するのに理論が必要なことをいっている。石母田は理論を用いるのに「対象への沈潜」と「従来の学問上の達成」つまり先行研究の尊重が必須であることをいっているのである

3　『網野善彦著作集　第2巻　中世東寺と東寺領荘園』（岩波書店、2018年）序章
　第1節「研究史をめぐって」。

が、網野は、石母田が
「大胆さ」を強調した
ことで「大胆さ」と
「対象への沈潜」を対
立させ、「対象への沈
潜」を回避させること
になったと批判する。

網野のこの批判は、
かつて石母田の影響の
もとに行ってきた自ら

図1-2　太良庄を探訪する網野善彦
（1965年4月4日、小浜市和久里西芳寺境内の「市の
塔」にて。左が網野、右は永原慶二。須磨千頴撮影）

の研究姿勢に対する反
省から出発していた。網野は『中世的世界の形成』に触発された個別荘
園研究が「どこの荘園でも同じような、没個性的な、石母田の理論と
シェーマの検証、繰返し、模倣に陥り、……行き詰っていった」と反省
し、その例として自らの処女作「若狭における封建革命」[4]をあげてい
る。自らの研究姿勢を反省した網野は、「すでに形のきまった定式の枠
に史料をあてはめて「読む」ような姿勢」と闘い、「あるがままの文書
を素直に読み、疑問を解明し、事実を発見していく」ことに努める。
「若狭における封建革命」と同じ若狭国太良庄を舞台としてその努力を
粘り強く続けた成果が『中世荘園の様相』であった。この後、網野は、
列島上に展開した歴史事象の多様性を解明する方向に向かった[5]。

網野の石母田に対する批判が客観的に正当であるとは必ずしもいえな
い。石母田が史料をあるがままに素直に読むことを軽視していたわけで
はないし、黒田庄の個性的な歴史に石母田が無関心だったともいえな
い。網野が批判したのは、石母田というよりも、石母田を模倣してきた
自分自身なのであるが、それが単に網野個人の問題ではなく、研究動向

4　『網野善彦著作集　別巻』（岩波書店、2009年）。
5　『網野善彦著作集　第15巻　列島社会の多様性』（岩波書店、2018年）。

に及ぶ問題であったがゆえに、網野の批判はあえて原点である『中世的世界の形成』に及んだのであろう。

　網野は、自らの思考を拘束してきたたがをはずすために、一方では自らの原点である『中世的世界の形成』をあえて批判し、他方では史料に沈潜し、地域の歴史を徹底的に究明することに努めた。

　歴史を研究するためには、もちろん先行研究をたくさん読むべきだし、先行研究を尊重する姿勢を喪ってはいけないけれども、その上で先行研究の枠を離れて自分自身の歴史像に向かって離陸するのでなければ面白くない。自らの歴史像に向かって離陸するために歴史家が必ず行うのが、史料を徹底的に読み直すことである。徹底的に読み直すためには対象を限定しなければならないから、地域の歴史に沈潜することが歴史像革新の起爆剤となる。『中世的世界の形成』も『中世荘園の様相』もそういう意味での地域の歴史の古典である。地域の歴史の古典はほかにも多くある。そういう古典を探し出し、それを読み込み、さらにはそこから離陸して自らの歴史像形成に進んでいただきたいと思う。

参考文献

相田二郎『日本の古文書』（岩波書店、上巻 1949 年、下巻 1954 年）

網野善彦『中世荘園の様相』（塙書房、1966 年）

『網野善彦著作集　第 2 巻　中世東寺と東寺領荘園』（岩波書店（オンデマンド版）、2018 年）

『網野善彦著作集　第 15 巻　列島社会の多様性』（岩波書店（オンデマンド版）、2018 年）

『網野善彦著作集　別巻』（岩波書店、2009 年）

石井進「中世社会論」（『石井進著作集　第 6 巻　中世社会論の地平』岩波書店、2005 年）

石母田正『中世的世界の形成』（岩波書店（岩波文庫）、1985 年）

黒田俊雄「中世の国家と天皇」(『黒田俊雄著作集 1　権門体制論』法蔵館、2018 年)
黒田日出男『中世荘園絵図の解釈学』(東京大学出版会、2000 年)
佐藤進一『新版　古文書学入門』(法政大学出版局、2003 年)
佐藤進一『日本の中世国家』(岩波書店（岩波文庫)、2020 年)
東京大学史料編纂所編『歴史学と史料研究』(山川出版社、2003 年)

研究課題

○石母田正『中世的世界の形成』と網野善彦『中世荘園の様相』を読み
　比べてみよう。

2 | 列島の先史時代

坂上康俊

《**目標＆ポイント**》 日本列島がどのように形成され、その後、どういう環境の変化があったと考えられているか、最新の研究を紹介する。また、列島への人類の移動と定着（旧石器時代）、その後に展開した縄文文化の特質、水田稲作の開始と弥生文化について、南と北の文化にも触れながら、現在の研究の到達点と課題について考える。さらに同時期の東アジアの歴史について理解したうえで、列島内に生まれてきたクニと中国王朝との初期の接触状況を確かめる。

《**キーワード**》 人類の進化、日本列島、旧石器時代、縄文文化、中国文明、秦漢帝国、水田稲作、弥生文化、クニの誕生、東アジア世界

1. 人類の誕生と旧石器時代

人類の誕生

　現在知られている最古の人類は、約700〜600万年前にあらわれたサヘラントロプス・チャデンシスで、2001年にアフリカのチャドで発見された猿人である。この猿人はすでに、直立二足歩行という人類のみが持つ特徴を備えていた。直立二足歩行することにより、自由になった手で道具を使うことが容易になり、また、大きくて重い脳を支えられるようになったために知能が発達していった。

　東アフリカで200万年ほど前に出現した原人は、やがて世界中に広がっていった。彼らは、石を打ち欠いて打製石器をつくり始め、これを使って狩猟したり、猛獣から身を守ったりするようになった。脳が飛躍

的に大きくなり、言葉もこのころから使われ始めた。打製石器を使っていた時代を旧石器時代と呼び、人々は狩りや採集をしながら移動しつつ生活していた。

コラム　人類史の時代区分

　　人類の古い時代については、そのとき使われた最新の利器によって、旧石器時代・新石器時代・青銅器時代・鉄器時代に区分することが行われてきた。しかし、日本列島には青銅器と鉄器とが大陸からほぼ同時に入っており、しかも青銅器は利器というよりは祭祀の道具として用いられた。また西アジアでは新石器時代に農耕・牧畜が始まるが、日本では磨製石器の出現と農耕の開始とは時期がまったく異なるなど、利器を指標とする時代区分を世界史的に用いるのは無理が大きい。

　70万年ほど前から、寒冷期（氷期）と比較的温暖な間氷期が繰り返されるようになったが、その間にも人類は少しずつ進化し、約50万年前の地層から発見された北京原人は、ほら穴に住みながら、火を使って食物を調理したり、体を温めたりしていたことが分かっている。

　東アフリカでは、今から50万年ほど前には旧人が[1]、そして20万年

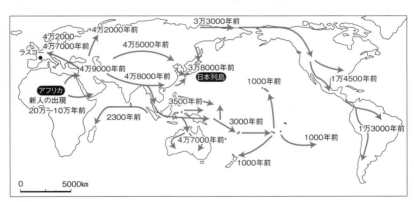

図2-1　新人の世界への拡散過程

1　代表的な旧人に、ネアンデルタール人がいる。

ほど前には、現生人類の直接の祖先にあたる新人（ホモ・サピエンス）があらわれ[2]、それぞれいくたびもアフリカから出て北へ、そして東・西へと広がっていった[3]。

人類の日本列島への到達

　第二次世界大戦以前には、日本列島に旧石器時代はないといわれていたが、1946 年、岩宿遺跡（群馬県みどり市）で、約 2 万年以上前までに積もった火山灰やその風成二次堆積物からなる関東ローム層の露頭から、黒曜石の打製石器が相沢忠洋によって発見され、1949 年に行われた学術調査の結果、日本にも旧石器時代があったことが証明された[4]。その後日本各地で旧石器時代の遺跡が調査され、なかには約 50 万年前まで遡るとされたものもあらわれたが、いわゆる「旧石器捏造事件」が 2000 年に発覚して再調査が行われた結果、列島内の旧石器文化は 3 万 8,000 年前までしか遡らず、このころに後期旧石器文化が爆発的に広がったこと、したがってこのころに新人が列島に移り住んできたことが確かめられた[5]。

　列島の後期旧石器文化を支えた人々がアフリカから到達した経路については、シベリア経由の北海道ルート、朝鮮半島からの対馬ルートと、南アジアから東南アジアを経由しての沖縄ルートの 3 つが考えられている[6]。寒冷期には、海面が今より 100 m ほど低かったので、大陸とほとんど陸続きだった現在の日本列島には、大陸と同じように、マンモス、ナウマン象、オオツノジカ、ヘラジカなどの大形の動物がすんでいた。日本列島に移り住んできた人々は、10 人前後の集団をつくり、簡単な

2　代表的な新人に、クロマニョン人がいる。

3　海部陽介『人類がたどってきた道』（NHK ブックス、2005 年）、中橋孝博『日本人の起源』（講談社選書メチエ、2005 年）、篠田謙一『人類の起源』（中公新書、2022 年）など参照。

4　相沢忠洋『「岩宿」の発見』（講談社文庫、1973 年。初刊 1969 年）。

5・6　海部陽介『日本人はどこから来たのか？』（文春文庫、2019 年。初刊 2016 年）。

草ぶきの小屋や岩かげなどに住みながら、打製石器をつけた槍などを用いてこれらの動物を捕らえたり、植物を採集したりしながら移動生活を送っていた。ただ、黒曜石の産地と、これを用いてつくった打製石器の分布により、このころすでに遠隔地間の流通・交易が行われていたことが分かっている。

コラム 古気候学と歴史時代の気候変動

　前近代の気候変動を知る方法については、汀（水際）線の移動から気温の変化を読み取ろうとしたフェアブリッジの研究に始まり、尾瀬ヶ原の泥炭堆積物中のハイマツ花粉の割合によるものや、アルケノンという表層水中に生息する植物プランクトンの分子組成の分析による夏季の表層水温の復元など、さまざまに試みられてきたが、最近では樹木の年輪を用いる方法が注目されている。単純に年輪幅を計測するだけでも、その年輪のできたときの気候をある程度推測することが可能であるが（一般的には、幅が大きければ高温多湿と考えられるが、サンプルとなった樹木の立地条件に左右される面もある）、より厳密に年輪から古気候を復原する方法として、年輪各層に含まれている酸素同位体の比を計測する方法がある。これは、樹木の葉から空気中に水分が蒸発する際に、3種類ある酸素同位体のうち軽い方から空中に出ていきやすいことを利用し、年輪中に残されている酸素同位体の比率において軽いものが多いほど蒸発が少なかったこと、これは同時に湿潤な気候であったことを示すというものである[7]。

　こうした自然科学的な方法に加えて日本では、貴族や庄屋の日記に記された天候の記録（積雪の時期と量、開花の時期、灌漑用水の水位記事その他）を用いることで、新しい時代ほど局地的な気候変動の復原が進んでいるといってよいが、ごく大まかにいえば、縄文時代早期の温暖化と中期以降の寒冷化、弥生時代の温暖化と古墳時代の寒冷化、平安時代から中世にかけての温暖化と近世の寒冷化が認められているといえよう。

7　中塚武監修『気候変動から読みなおす日本史1〜6』（臨川書店、2020〜2021年）。

2．縄文文化と東アジア

縄文文化

　今から 1 万 9,000 年ほど前に最寒冷期が終わり、気温が上昇し始めると、陸上にあった氷が融けて海水面が上昇していった。その結果、日本列島付近では、約 7,000 年前には、それまでより 100m 以上も水位が上がり（縄文海進）、間宮海峡や宗谷海峡が開いて、列島が完全に大陸から切り離された。関東地方などでは、貝殻や魚の骨などの食べ物の残りかすなどを捨てた貝塚の分布から、現在の標高数 m のあたりに汀線がきていた時期もあったことが知られている。

　今から 1 万 6,000 年ほど前という世界的にみても古い時期に、日本列島の人々は木の実などを煮炊きして食べるための土器をつくり始めた。低温で焼かれたため黒褐色をした厚手の土器の多くは、表面に縄を転がしたような文様がつけられているので縄文土器と呼ばれ、このころの文化を縄文文化、この時代を縄文時代と呼ぶ。縄文土器は深鉢を中心としつつ、壺や注口土器など多様な形式を持ち、調理器具に始まりながらも儀礼用に転用されたり飲食にかかわらなくなったりするなど、非常にバリエーションに富む点に、世界の土器文化のなかでの特異性がある。

　縄文時代にはマメや野菜など植物の栽培が始まったが、海進によって入江が発達したため魚や貝類に恵まれ、クリやドングリ、クルミ等の植物性食物も豊富であった。また、弓と矢を発明したことで、鳥やシカ・イノシシなどの小動物を捕らえることもできるようになった。縄文時代は、木を切ったり、加工したりしやすいように表面をみがいた磨製石器が発達する点では新石器時代といえるが、豊富な食料に恵まれた日本列島では、新石器時代の始まりに農耕・牧畜を伴わなかった点が、他の古代文明の発祥地（西アジアや中国）と違っている。

　縄文時代には人々が定住するようになり、集団をつくって竪穴住居に分かれて暮らしていたが、三内丸山遺跡（青森県）にみられるような大型の建物をつくることもあった。成人の儀式として抜歯がされ、また死者の霊の災いを防ぐためか屈葬が行われた。土偶のなかでも妊婦を示す事例や、男性器を象った石棒は、豊穣を祈るためにつくられたと考えられている。

中国文明の誕生

　日本列島で縄文時代が続くころ、中国では黄河流域でアワやヒエ・キビの栽培（畑作）を、江南地方では水田でのイネ栽培（水田稲作）を基本とする農耕文明が生まれ、紀元前16世紀ごろには、黄河流域に殷（商）という国がおこった。殷代には、祭祀に用いられる優れた青銅器や、漢字のもとになった甲骨文字がつくられた。

　紀元前11世紀には西からおこった周が殷を滅ぼし、周は鎬京に都を置いて中原（黄河中流域）を支配した。しかし、紀元前8世紀に周は洛陽に遷都し（東周）、その支配力は次第に弱まって、多くの国々が争う春秋・戦国時代となった。諸国はそれぞれ国力を高めようとして鉄製の兵器や農具を広め、このため農業や商業が発達した。また孔子が説いた儒学（儒教）のような新しい思想（諸子百家）も生まれた。

秦漢帝国の成立

　紀元前221年、秦王の政が中国を統一して始皇帝を名乗り、北方の遊牧民（匈奴）の侵入を防ぐために万里の長城を築いた。しかし、大規模な土木工事や対匈奴戦争などへの負担に対する反乱が広がり、秦は統一後わずか15年で滅んだ。

　代わって中国を統一した漢（前漢）は、紀元前2世紀後半の武帝のと

き、朝鮮半島北部を征服して楽浪郡を置き、また中央アジアをも支配下
に入れて大帝国をつくり上げた。このため、「シルクロード（絹の道）」
を通って、インドでおこった仏教が、紀元後の後漢のころまでに中国に
伝わった。前漢の時代には儒学が国の教えとなって広がり、また紙が発
明された。

　漢の影響を受けて周辺の民族も国の統一をすすめ、紀元前 1 世紀に
は、中国東北地方の南部に高句麗がおこった。高句麗は、やがて勢力を
強め、4 世紀初めには南下して楽浪郡を滅ぼした。

3. 弥生文化と国々の成立

弥生文化の成立

　中国南部で発達した水田稲作の技術は、山東半島から朝鮮半島南部
に、そして九州北部に伝わり、やがて東日本にまで広まった[8]。初期の
水田遺跡に佐賀県の菜畑遺跡や福岡県の板付遺跡があり、青森県の垂
柳遺跡や砂沢遺跡が、現在のところ弥生時代の北端の水田遺跡となっ
ている。水田稲作とともに青銅器や鉄器などの金属器も伝わったが、も
ともと武器であった銅剣や銅矛は、日本列島では再加工して大型・幅広
のものにつくり替えられ、銅鏡や銅鐸と同じように、主に祭器として用
いられた。鉄は製品や素材を朝鮮半島南部から輸入し、これをそのま
ま、あるいは再加工して、武器のほか、木製の農具や船などをつくるた
めの工具をつくっており、日本列島内部で製鉄が始まるのは 5 世紀に
入ってからとみられている。

　水田稲作や金属器が伝わったころ、やや高温で焼かれたため赤褐色を
した、薄手で少し硬めの土器がつくられるようになった。こういった土
器は明治時代に東京の本郷弥生町で初めて見つかったため弥生土器と命
名され、このころの文化を弥生文化、この時代を弥生時代と呼ぶ。

8　宮本一夫『農耕の起源を探る　イネの来た道』（吉川弘文館、2009 年）。なお、弥
　生文化の始まりは紀元前 9 ～ 8 世紀ごろであるとする説が有力になりつつある（宮
　本一夫「弥生時代開始期の実年代再論」『考古学雑誌』100、日本考古学会、2018 年）。

　人々は、水田の近くに集落をつくって住み、共同で水田の造成・維持と灌漑設備の整備、そして田植えや稲刈りなどの農作業に従事した。竪穴住居の近くには、湿気や鼠の害から収穫した米を守りつつ蓄えるための高床倉庫がつくられた。集落のそばには共同墓地が設けられ、甕棺や木棺・石棺を用いた埋葬が行われたが、やがて豊富な副葬品を持ち墳丘墓（方形周溝墓）に埋葬されるような首長も出現してきた。

　なお、本州・四国・九州では、農耕に基盤を置く弥生文化ののち古墳文化へと移行していくが、北海道と沖縄などの南西諸島とでは、それぞれ続縄文文化、貝塚文化という食料採集文化が続いた。さらに北海道では9世紀ごろから、狩猟・漁撈を基盤として擦文土器を用いる擦文文化へと移行していく。こうして日本列島の文化は、3つの地域に分かれて展開することになった。

国々の誕生

　人々は共同して水田稲作に従事することになったので、豊作を祈ったり作業を指導したりするほか、集落の人々の利害関係を調整したりする人が求められるようになった。また、収穫された稲穀が蓄積されるようになると、倉庫の管理や収穫物の分配を調整し、また、集落外からの襲撃・奪取に対抗していく必要が生じてきた。吉野ヶ里遺跡（佐賀県神埼市）のように、集落全体を囲む環濠がつくられるようになったのは、こういった防御のためである。さらに用水をめぐっては、河川の流域のいくつもの集落との間での調整も必要になった。こうして社会の仕組みは急速に変わり、拠点集落のまわりにいくつもの集落を従えた小さなクニができ、人々を指導・支配する有力者（豪族）や王が出現した。

東アジア世界への倭人の登場

　日本列島に住む人々のことが記された最も古い文献史料は中国の歴史書『漢書』（後漢の班固の撰、建初年間〈76-83〉にほぼ成立）で、その地理志燕地（燕は現在の北京周辺の地域を指す）には、倭には 100 余りの国があり、なかには、漢が朝鮮半島に置いた楽浪郡を通じて、都の長安（現在の西安）に使いを送る国もあったと記されているが、これは前漢末頃の情報、即ち紀元前後のこととみられている。また、『後漢書』（列伝は南朝の宋の范曄の撰、432 年ごろ成立）の東夷伝倭条には、57 年（建武中元 2）に、現在の福岡平野にあった倭の奴国の王が、後漢の都洛陽に使いを送り、後漢を建国した光武帝から金印を授けられたこと、107 年（永初元）にも倭国王帥升が遣わした使者が生口（奴隷）を献じて謁見を求めたことが記されている。

　江戸時代に福岡県の志賀島で発見された「漢委奴国王」と彫られた金印は、発見の経緯がよく分からないことから偽作説が行われたこともあったが、1956 年に雲南省の遺跡で発見された蛇紐の「滇王之印」や 1981 年に揚州で発見された「廣陵王璽」と規格が一致すること、もともと駱駝だったのを蛇に改造していること、さらに字体が後漢代の特徴を備えていることから、まさに 57 年に光武帝から授けられたものとみてよいことが確かめられた。

参考文献

白石太一郎編『日本の時代史 1　倭国誕生』（吉川弘文館、2002 年）

奈良文化財研究所編『日本の考古学　上・下』（学生社、2007 年）

石川日出志『シリーズ日本の古代史 1　農耕社会の成立』（岩波新書、2010 年）

大津透他編『岩波講座日本歴史　第 1 巻　原始・古代 1』（岩波書店、2013 年）

藤尾慎一郎『日本の先史時代―旧石器・縄文・弥生・古墳時代を読みなおす』（中公新書、2021 年）

研究課題

〇日本列島に到達するまでに、人類はどのように進化し、拡散してきたのだろうか。

〇旧石器・縄文・弥生という各時代の社会は、それぞれどのような特徴を持っていたのだろうか。

〇発掘調査の成果によって、原始社会の時代像はどのように解明されてきたのだろうか。

〇日本列島で縄文・弥生文化が広がっていたころ、東アジアではどのような歴史が展開しており、日本列島の人々はどういうかかわり方をしたのだろうか。

3 ｜ 倭政権の形成と展開

坂上康俊

《**目標＆ポイント**》 邪馬台国、古墳文化の誕生と前方後円墳の広がり、朝鮮
半島情勢と倭政権の動向、倭政権の勢力伸長の結果としての五王の時代につ
いて、考古学と文献史学の双方を組み合わせて考える。
《**キーワード**》 邪馬台国、前方後円墳、朝鮮三国、倭政権、倭の五王、渡来
人（帰化人）、ウジ、カバネ、国造、屯倉

1. 倭政権の形成

邪馬台国の女王卑弥呼

　3世紀になると、中国では後漢が滅び、魏・呉・蜀が鼎立する三国
時代になった。『三国志』（西晋の陳寿撰、280年以降の成立）魏書東夷
伝倭人条（魏志倭人伝）には、239年、そのころ日本列島内で30近く
の国々を従えていた邪馬台国の女王卑弥呼が、使者を魏の都に送って朝
貢し、皇帝から「親魏倭王」という称号と金印、銅鏡100枚その他を授
けられたことが記されている。このほか、倭の国々では、すでに大人と
下戸という身分の違いが生まれていたこと、鬼道（シャーマニズム？）
に仕えていた卑弥呼は、年老いてはいるが独身で、政務は弟に佐けられ
ていたこと、都には楼閣や宮殿があり、卑弥呼が歿したときには墳丘が
つくられたことなど、当時の倭の社会についての詳細な記述がある。

コラム **邪馬台国の所在地**

　女王卑弥呼が君臨した邪馬台国の所在地については、周知のように畿内説と九州説とがある。邪馬台国畿内説についていえば、３世紀半ばの段階で列島内において最も整った大型建物群（宮殿？）を備えていた遺跡は、現時点では纒向遺跡（奈良県桜井市）であることは間違いなく、またその近辺にある箸墓古墳を初めとして、このあたりが前方後円墳発祥の地であり、後の倭政権がここからおこったとみてよいことは考古学的に認められている。さらに２世紀後半から３世紀にかけての東日本も含めた全国的な土器の製作・流通の状況からみて、当時の政治権力はすでに列島の広い部分を覆っていたという見方もある[1]。ただ、纒向遺跡の出土品には、魏を含めた大陸との交渉を示すものがほとんど含まれないことは問題となろう。

　いっぽう、邪馬台国九州説についていえば、『後漢書』東夷伝の記事は後の倭政権についての知識が混入している部分があり、魏志（魏略）に基づく限り、位置比定は九州島内と考えるのが穏当という文献史学の方からの推論がある[2]。魏志倭人伝での邪馬台国への道程記事が、対馬・一支（壱岐）・末盧・伊都・奴といった国々についてはほぼ問題がないので、そこから急に遠方へと距離を伸ばすことに疑問を持たれることが支証になろう。しかし、現時点では魏志倭人伝の記述によく合う宮殿や墳丘を備えた３世紀半ばの遺跡が見つかっていないことが問題となる。

倭政権の誕生

　３世紀後半になると、奈良盆地の東南部に、奈良盆地や河内平野の有力な豪族が支える強力な勢力（倭政権）が生まれ、王や豪族を埋葬するために、前方後円墳を代表的墳形とする大きな古墳がつくられ始めた。やがて倭政権の支配が広がると、前方後円墳は列島各地の豪族によってもつくられるようになった。独特の墳形と画一的な埋葬法を用いる各地の古墳は、諸地域の豪族たちと倭政権との連合、あるいは支配・従属関係を示していると判断されている。古墳が盛んにつくられた６世

1　大塚初重『邪馬台国をとらえなおす』（講談社現代新書、2012 年）。

2　平野邦雄『邪馬台国の原像』（学生社、2002 年）。

紀末ごろまでを古墳時代と呼び、古墳の規模や副葬品の内容などによって、前期（3 世紀後半〜4 世紀前半）・中期（4 世紀後半〜5 世紀）・後期（6 世紀）の 3 期に分けて説明されている（前方後円墳が造られなくなった 7 世紀の古墳を終末期古墳と呼ぶこともある）。

古墳文化

　古墳の多くは表面に石が敷き詰められ、円筒型や人物、家屋、鳥や動物などの形の埴輪が置かれた。内部の構造や死者を納めた棺については、前期には竪穴式石室の中に木棺や石棺を安置し、まわりに銅鏡、玉などの祭具や鉄剣が納められたが（被葬者の司祭者的な性格を示す）、中期には墳丘規模が大きくなるとともに冠、馬具、鉄製の武器や農具などが納められるようになり（被葬者の武人的な性格を示す）、後期になると横穴式石室のなかに家型や長持型の石棺を安置し、武器・工具や装飾品を副葬するようになり、食品類を盛った須恵器などが供えられたり、親族が追葬されたりすることもあった。石室の壁に描かれた絵などから、死後の世界についての考え方を知ることもできる。

　古墳時代には、一般の人々は数棟の竪穴住居や平地住居と高床倉庫などからなる集落に住み続けていたが、豪族たちは人々からは隔絶した地位を築き、三ツ寺遺跡（群馬県高崎市）にみられるように、集落から離れた居館を営むようになった。

2.　倭政権の発展

中国・朝鮮半島の情勢

　中国では、魏を継いだ晋（西晋）が 280 年に三国を統一したが、内乱によって国内が分裂し、おりからの地球規模での気候寒冷化の影響を受けて南下してきた北方の遊牧民族によって江南に追いやられた（東晋、

317年～）。華北ではその後、五胡十六国という混乱した時代を迎えたが、やがて北魏によって統一された。いっぽう江南では、東晋の後に宋・斉・梁・陳という王朝が続き、貴族文化が栄えた（宋～陳を総称して南朝、建康（現在の南京）に都を置いた呉～陳を総称して六朝という）。北魏はやがて東魏・西魏に分裂し、東魏の後を北斉が、西魏の後を北周が継いだが、北周の後を承けた隋が北斉、そして南朝の陳を滅ぼした589年、中国はようやく再統一された。このように中国が南と北とに分かれて対立していた時代を南北朝時代と呼ぶ。

　いっぽう朝鮮半島では、4世紀初めに楽浪郡を滅ぼした高句麗と、朝鮮半島南部に4世紀におこった百済・新羅の三国が、たがいに勢力を争った。当時の高句麗の都であった国内城（現在、中国吉林省の集安）近郊に立てられた広開土王碑には、百済と新羅とはもともと高句麗に従っていたが、391年に渡海してきた倭が、百済と結んで新羅を攻撃したため、広開土王がこれを打ち破ったことを初めとして、高句麗と倭との間で数度にわたる戦闘があったことが記されている。369年に百済から倭王に送られた七支刀が石上神宮（奈良県天理市）に伝来しており、倭はこのころからほぼ一貫して百済との交流を重視し、百済を通じて南朝の文化を取り入れ、また百済を南朝との外交の仲介としていたことが分かる。

■**史料**　高句麗広開土王碑銘（部分）（原漢文）

　百残・新羅、もとこれ属民にして由来朝貢す。しかるに倭、辛卯年（391）を以て、来たりて□（海カ）を渡り、百残を破り□□新羅、以て臣民と為す。六年丙申（396）を以て、王、躬ら□軍を率ゐて、残国を討伐す。……九年己亥（399）、百残誓ひに違ひ、倭と和を通ず。王、平穣に巡下す。而して新羅の遣使、王に白して云はく、「倭人、其の国境に満ち、城池を潰破し、奴客を以て民と為

す。王に帰して命を請はむ」と。太王 慈を恩み、其の忠誠を称し、遣使して還らしめ、告ぐるに□計を以てす。十年庚子（400）、教して、歩騎五万を遣はして、往きて新羅を救はしむ。男居城より新羅城に至る。倭其の中に満つ。官軍方に至り、倭賊退□す。背を侵し急追し、任那加羅の従抜城に至る。城即ち帰服す。安羅人戌兵、新羅城・□城を□。倭□倭潰ゆ。……十四年甲辰（404）、而して、倭不軌にして、帯方界に侵入し、□□□□□石城□連船□□□。王躬ら□□を率ゐ、平穣より□□□鋒、王幢に相遇し、要截盪刺す。倭寇潰敗れ、斬殺無数。

■**史料　七支刀銘**（原漢文）

（表）泰和四年十一月十六日、丙午正陽に、百練の鉄の七支刀を造る。□百兵を辟け、宜しく侯王に供供すべく、□□□□作る。

（裏）先世以来、未だ此 刀有らず。百済王の世子奇生聖音、故に倭王の旨の為に造りて後世に伝示す。

倭の五王

　日本列島では、4世紀になると九州から東北地方南部に至る各地の豪族によって前方後円墳が造営されるようになり、特に5世紀に入ると、巨大な前方後円墳が、大仙古墳（伝仁徳天皇陵）を含む百舌鳥古墳群や、誉田山古墳（伝応神天皇陵）を含む古市古墳群を初めとして、河内平野や奈良盆地でつくられ続けた。南朝の宋の歴史を記した『宋書』には、421年を初回として478年に至るまで、讃・珍・済・興・武という5人の倭王（倭の五王）が、倭王としての地位と、朝鮮半島南部六国ないし七国での軍事的な指揮権とを宋の皇帝に認めてもらおうとして、計10回にわたって遣使・朝貢したことが記されている（六国ないし七国の

うち百済については、すでに宋に冊封_{さくほう}されていたので、倭王の軍事指揮権は認められなかった）。倭の五王の拠点は同時期の古墳の規模からみて河内平野・奈良盆地としか考えられず、五王が派遣した使者は瀬戸内海を経て、おそらく百済に導かれて宋の都（建康_{けんこう}）にまで至った。このことからみて、倭王は半世紀以上の５代にわたって日本列島西部を安定的に掌握し、対外的に倭国を代表していたこと、授与された将軍号_{じょうぐんごう}は高句麗や百済の王のそれよりは低位であっても、百済に対する軍事指揮権の要求を、百済を通過する使者にもたらさせたことからみて、当時の倭王が大きな勢力を持っていたことが分かる。このようにして倭政権は、加耶諸国や百済と軍事的に提携し、朝鮮半島南部の加耶地域で採れる鉄素材や土器製作技術を初め、中国の古典や暦などの学術の導入に努めたのである。

■**史料　倭の五王**（『宋書』巻 97　夷蕃伝）

　倭国在=高驪東南大海中=、世修=貢職=。高祖永初二年、詔曰：「倭讚、萬里修レ貢。遠誠宜レ甄、可レ賜=除授=。」太祖元嘉二年、讚又遣=司馬曹達=奉レ表献=方物=。讚死、弟珍立。遣=使貢献=、自称=使持節・都督倭百済新羅任那秦韓慕韓六国諸軍事・安東大将軍・倭国王=、表求=除正=。詔除=安東将軍・倭国王=。珍又求レ除=正倭隋等十三人平西・征虜・冠軍・輔国将軍号=。詔並聴。二十年、倭国王済、遣レ使奉献。復以為=安東将軍・倭国王=。二十八年、加=使持節・都督倭新羅任那加羅秦韓慕韓六国諸軍事=、安東将軍如レ故、并除=所レ上二十三人軍・郡=。済死、世子興、遣レ使貢献。世祖大明六年、詔曰：「倭王世子興、奕世載忠、作=藩外海=、稟レ化寧レ境、恭修=貢職=、新嗣=邊業=。宜レ授=爵号=、可=安東将軍・倭国王=。」興死、弟武立、自称=使持節・都督倭百済新羅任那加羅秦韓慕韓七国諸軍事・安東大将軍・倭国王=。

（読み下し、語釈、現代語訳は、石原道博『新訂　魏志倭人伝・後漢書倭伝・宋書倭国伝・隋書倭国伝』（岩波文庫、1985 年）を参照）

　稲荷山古墳（埼玉県 行田市）出土金象嵌鉄剣の銘文（471 年）や江田船山古墳（熊本県和水町）出土銀象嵌大刀の銘文に記されている「獲加多支鹵（ワカタケル）大王」は、倭の五王のうちの武にあたるとみられるが、その出土地点、および上記の軍事指揮権要求と、武が 478 年に宋の皇帝に送った上表文のなかでの、祖先以来「東は毛人を征すること五十五国、西は衆夷を服すること六十六国、渡りて海北を平らぐること九十五国」との歴史認識とはよく対応している。また、韓国南部の栄山江流域で近年相次いで確認された前方後円墳（前方後円形墳）も、その被葬者の性格については議論があるが、当該地域で出土する倭系土器とともに、日本列島の文化が朝鮮半島に拡がっていた面があることを示している。

■**史料　稲荷山古墳出土鉄剣銘**

（表）辛亥年七月中、記。乎獲居臣。上祖、名意富比㧑。其児、多加利足尼。其児、名弖已加利獲居。其児、名多加披次獲居。其児、名多沙鬼獲居。其児、名半弖比。

（裏）其児、名加差披余。其児、名乎獲居臣。世々、為杖刀人首、奉事来至今。獲加多支鹵大王寺、在斯鬼宮時、吾、左治天下、令作此百練利刀、記吾奉事根原也。

■**史料　江田船山古墳出土大刀銘**

台 天下獲□□□鹵大王世、奉事 典曹人名无 □ 弖、八月中、用大鉄釜、并四尺廷刀、八十練、□ 十振。三寸上好 □ 刀。服此刀者、長寿、子孫洋々、得□恩也。不失其所統。作刀者、名伊太□、書者張安也。

■**史料　倭王武の上表文**（『宋書』巻97　夷蕃伝）

　順帝昇明二年、遣使上表曰：「封国偏遠、作二藩于外一。自レ昔祖禰、躬擐二甲胄一、跋二渉山川一、不レ遑二寧処一。東征二毛人一五十五国、西服二衆夷一六十六国、渡平二海北一九十五国。王道融泰、廓二土遐畿一。累葉朝宗、不レ愆二于歳一。臣雖二下愚一、忝二胤先緒一、駆二率所レ統一、帰二崇天極一、道遥二百済一、装二治船舫一。而句驪無道、図二欲見呑一、掠二抄辺隷一、虔劉不レ已。毎致二稽滞一、以失二良風一、雖レ曰レ進レ路、或通或不。臣亡考済、実忿二寇讎壅二塞天路一、控弦百万、義声感激、方レ欲二大挙一、奄喪二父兄一、使二垂成之功不レ獲二一簣一。居在二諒闇一、不レ動二兵甲一。是以偃息未レ捷。至レ今欲レ練二甲治一兵申二父兄之志一。義士虎賁、文武効レ功、白刃交レ前、亦所レ不レ顧。若以二帝徳二覆載、摧二此強敵一、克靖二方難一、無レ替二前功一。窃自仮二開府儀同三司一、其余咸各仮授、以勧二忠節一。」詔除二武使持節・都督倭新羅任那加羅秦韓慕韓六国諸軍事・安東大将軍・倭王一。

（読み下し、語釈、現代語訳は、石原道博・前掲書を参照）

　ただし、4世紀の段階からの朝鮮半島での倭の軍事行動が、すべて倭政権に統制されていたとみることは難しく、列島内の各地の豪族が半島の諸国・諸勢力との間で交流関係を持つことも生じていたこと[3]、また倭政権の内部でも、将軍号の高さが倭王とほとんど変わらないものがいるなど、倭王が超越的な地位を占めていたとはいえないこと、また『宋書』では済と興・武とは父子関係であることが明記されているが、珍と済との関係は明示されていないので、倭政権で世襲的継承関係が始まった端緒はこのころではないか（確立するのは、6世紀半ばの欽明朝以降）[4]、ということにも留意する必要がある。

倭政権の動揺

　5世紀末からの100年以上にわたって、倭は中国に遣使していない。

3　高田貫太『海の向こうから見た倭国』（講談社現代新書、2017年）。
4　大平聡「世襲王権の成立」（『日本古代の王権と国家』青史出版、2020年。初出2002年）。

この間、南朝の諸王朝は政治の混乱や内乱に見舞われることはあったが、決して常に弱体だったわけではない。実際に百済や新羅は南朝への遣使・朝貢を続けていた。したがって遣使しなかった理由はもっぱら倭政権の事情によるものと考えられる。その背景としていくつかの要因が考えられるが、第1の要因としては、倭政権の王位継承の混乱、第2の要因としては朝鮮半島の情勢が緊張と流動化の度を増し、南朝への遣使が倭政権の外交上に持つ意味が小さくなったこと、第3の要因として百済を通じた中国文化の導入が一定の軌道に乗ったこと、以上が挙げられるだろう。

　6世紀に入るころには、のちに『日本書紀』や『古事記』としてまとめられる歴史書の原史料となった「帝紀」「旧辞」がつくられて伝承の文字記録化が進みつつあったとみられ、記紀の記述から説話的な要素が減少してくる。そうしたなかで、倭王武に相当する可能性が大きく、豪族の葛城氏を打倒した伝承を付せられた雄略天皇の後には有力な王が続かず、ついにはかなり遠縁にあたる王族の一人を越前から招いて継体天皇として即位させたことが記されている。そのころの政権は、大伴氏や物部氏などの有力な氏族によって支えられている

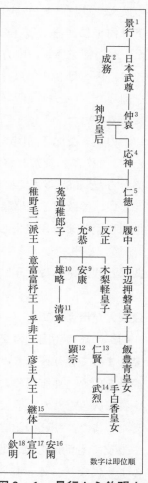

図 3 - 1　景行から欽明までの天皇系図

状態であった。

　朝鮮半島では、427年に平壌に遷都した高句麗が、475年に百済の都の漢城（現在のソウル）を陥落させるなど南下を進めた。このため百済は同年に熊津（現在の公州）へ、さらに538年には泗沘（現在の扶余）へと都を移し、南方の加耶諸国への政治的影響力拡大を図るいっぽうで、倭へは516年以降、五経博士を派遣するなど、協調関係の維持を図った。いっぽう新羅は、東方から加耶諸国への政治的影響力の拡大に努めていた。

　このような加耶諸国の置かれた情勢に介入しようとした倭政権であったが、527年、筑紫君磐井が反乱を起こしたこともあって介入は失敗に終わった。562年までには加耶諸国の大部分が百済と新羅に併合されてしまい、倭政権と加耶諸国との交渉は途絶えてしまったが、倭政権は7世紀に至るまで、喪失した「任那」（倭政権では加耶諸国を総体として「任那」と呼ぶようになっていた）との交流関係（7世紀には支配従属関係と観念されるようになっていた）の復活を図り続けた。

渡来人が伝えた文化

　朝鮮半島の諸国との交流のなかで、朝鮮半島から日本列島に、一族でまとまって移り住む人々もいた。こうした渡来人（帰化人）は、鉄製の農具を広め、灌漑用の大きな貯水池をつくる技術のほか、高温で焼く硬い質の灰色をした土器である須恵器や、高級な絹織物をつくる技術を伝えた。また、朝廷の記録や外国に伝える文書の作成にあたるなど、財政や外交でも活躍した。百済からは五経博士や暦博士が交代で派遣されるようになり、詩・書・礼・易・春秋などの儒学の経典が教授され、カレンダーを作成する仕組みが整えられた。

■**史料　五経博士の渡来**

『日本書紀』巻 17 継体天皇 7 年（513）

　六月。百済遣=姐彌文貴将軍・州利即爾将軍-、副=穂積臣押山-〈百済本記云「委意斯移麻岐彌」〉、貢=五経博士段楊爾-。

『日本書紀』巻 17 継体天皇 10 年（516）

　九月。百済遣=州利即次将軍-副=物部連-来謝レ賜=己汶之地-。別貢=五経博士漢高安茂-請レ代=博士段楊爾-。依レ請代之。

『日本書紀』巻 19 欽明天皇 15 年（554）

　二月。百済遣=下部杆率将軍三貴・上部奈率物部烏等-乞=救兵-。仍貢=徳率東城子莫古-、代=前番奈率東城子言-。五経博士王柳貴、代=固徳馬丁安-。僧曇慧等九人、代=僧道深等七人-。別奉レ勅、貢=易博士施徳王道良・暦博士固徳王保孫・医博士奈率王有悷陀・採薬師施徳潘量豊・固徳丁有陀・楽人施徳三斤・季徳己麻次・季徳進奴・対徳進陀-。皆依レ請代之。

（読み下し、語釈は日本古典文学大系『日本書紀　下』（岩波書店、1965 年）を参照）

コラム　渡来人と帰化人

　「帰化」の元来の語義は「王化に帰す」こと、つまり、王の威徳に感服し、自らの意思でその支配下に入ることを意味する。「帰化」という言葉を日本列島内で用いるためには、列島の多くの地域において王権による支配がある程度貫徹しており、かつ移り住んできた人々が王の徳化を慕っているという条件が満たされなければならないことになる。5〜6 世紀の段階でこの条件が満たされていたかどうかは証明しにくいので、王権（君主権）が確立し、そのもとへの従属表明の機会が提示される律令国家（制定期を含む）より前に、「帰化」の言葉を使うべきではないという立場もありうる[5]。弥生時代の始まりのころ、水田稲作の技術を携えて朝鮮半島から日本列島に渡ってきた人々を「帰化人」とはいいにくいだろう。

　しかし、「渡来人」というニュートラルな用語は、その人々が日本列島

[5]　日本古代史研究における「帰化人」「渡来人」という用語をめぐる議論については田中史生『渡来人と帰化人』（角川選書、2019 年）参照。

に定着し、結局は我々の祖先になったという事実を軽視するものであるという批判も成り立つだろう[6]。特に、滅亡した百済や高句麗からの亡命者たちは、朝廷の高官となり、また後宮の有力女性を輩出しているのであり、それ以前の倭漢（やまとのあや）氏のように政権の武力や手工業を担ってきた人々もいる。これらの「帰化」した人々とそれ以前の「渡来」してきた人々とをどこかで線引きして峻別するのは難しい。結局この二つの用語は、列島内における王権の支配の成熟度に応じて使い分けるしかないことになるが、「治天下大王」が南朝や朝鮮諸国と国交を結んでいた5世紀の段階からは、「帰化」を用いるのは、不自然とまではいえないだろう。

　538年（552年とも。こちらが基準となって、のちに1052年から末法の時代が始まるという説ができる）、百済の聖明王（聖王）（せいめいおう・せいおう）は仏教を倭の朝廷に伝えた。これ以前にも倭国では、特に渡来系の人々によって仏教が崇拝されていたが、この新しい宗教が隣国の王から倭国に伝えられた際には、蘇我稲目（そがのいなめ）らの崇仏（すうぶつ）派と物部尾輿（もののべのおこし）・中臣鎌子（なかとみのかまこ）らの排仏派との間で争いが起こった。のちに崇仏派の蘇我馬子（そがのうまこ）は厩戸皇子（うまやどのみこ）（聖徳太子（しょうとくたいし））らとともに排仏派の物部守屋（もののべのもりや）を倒し、仏教が広まっていくことになった。

　それまで自然神を信じ、素朴な死後の世界を考えていた人々は、体系的で壮大な仏教の教えに圧倒されるとともに、祖先の死後の世界での幸福や、病気の回復を祈る手段としても、仏教を信じるようになった。豪族たちのなかには、それまでの古墳に代わって寺をつくることで権威を示し、また一族の結集を図ろうとするものもあらわれた。

3. 倭政権の支配の仕組み

大王とウジナ・カバネ

　5〜6世紀の倭政権の支配の仕組みはあまり明確には分かっていないが、おおよそ次のように考えられている。まず、王は「大王」とも呼ば

6　大津透『律令国家と隋唐文明』（岩波新書、2020年）。

れるようになり、5世紀後半以降は世襲的に継承されたようである。ただ、継承のルールは兄弟継承を基本とするもので、父子直系継承ではなかったし、また継体天皇のように、かなり遠い親族（とされる者）が、入り婿的に継承することもあった。

その王のもとには、職掌に由来するウジナ（ウジのナ）と「連」のカバネとを与えられた大伴氏、物部氏、中臣氏などと（これらの氏族は、のちには天皇家とその祖先神の段階で分かれたものとされた）、奈良盆地や河内平野の地名に由来するウジナと「臣」のカバネとを与えられた葛城氏、平群氏、蘇我氏、巨勢氏などがおり（これらの氏族は、のちには天皇家から分かれたものとされた）、それぞれの族長が、一族や伴造（特定職業や技術者の集団である「伴」を統率する氏族）を率いて政権に奉仕した。王はウジナ・カバネを与える側として、これらの氏族に超越していたため、ウジナ・カバネを持たなかった。

国造と屯倉

政権の地方支配の拠点としてはミヤケ（ミ＋ヤケ）があった。初めは倭の屯倉や茨田の屯倉などのように、5世紀に畿内およびその周辺に設定された田地とその耕作者（田部）を統轄するシステムとして、政権が直轄的に経営していたが、6世紀に入ると、反乱に敗れた磐井の子が献上した糟屋屯倉や、対外交渉に備えて那津の口（博多湾岸）に設けられた官家などのように、地方にもミヤケが数多く設定されるようになった。また単に経済的な拠点というだけでなく、政治的な拠点もミヤケと呼ばれた。

地方に設定されたミヤケの経営・運営は、基本的にはその地を抑えている国造などの豪族に委任されたとみられるが、なかには吉備の児嶋屯倉や白猪屯倉のように、中央から使者が出向いて屯倉に属す

る田地やその耕作にあたる田部の丁（てい）（よほろ）（壮年男子）を調査することも行われた。

　地方の有力者の多くには「君」（きみ）のカバネが与えられ、その地の国造に任命された。その子弟は舎人（とねり）・靫負（ゆげい）として、子女は采女（うねめ）として政権に貢上させられ、そのための仕送りは、名代（なしろ）・子代（こしろ）という名目で国造のもとに置かれた部民（べみん）に課せられた。舎人・靫負は大伴氏のもとに組織され、政権直属の軍事力を構成し、いっぽう国造たちは国造軍（こくぞうぐん）を引率して、倭政権の軍事行動に加わった。

　政権のもとには新しい知識・技術を伝えた渡来人たちが職業的部民（品部）（しなべ）として組織され、かれらはそれぞれ伴造に指揮されながら、政権の必要物資を製作・貢上したほか、文書行政や外交をも担った。中央の王族・豪族たちも、それぞれ自らの部民を地方に設定するようになり、こうして列島内の人々は、基本的には国造によってある程度地域的なまとまりごとに支配されながら、それぞれ異なった奉仕先への貢納や奉仕を行うという複雑な支配・従属関係に組み込まれていった。

参考文献

鈴木靖民編『日本の時代史2　倭国と東アジア』（吉川弘文館、2002年）

岸本直文編『史跡で読む日本の歴史2　古墳の時代』（吉川弘文館、2010年）

都出比呂志『古代国家はいつ成立したか』（岩波新書、2011年）

白石太一郎『古墳からみた倭国の形成と展開』（敬文舎、2013年）

大津透他編『岩波講座日本歴史　第1巻　原始・古代1』（岩波書店、2013年）

篠川賢『国造　大和政権と地方豪族』（中公新書、2021年）

研究課題

○中国の王朝交替史や朝鮮半島の諸国の動静とのかかわりのなかで、倭政権はどのような外交方針をとったのだろうか。

○倭の王権と地方豪族との関係は、どのように変化していったのだろうか。

4 | 律令国家への道

坂上康俊

《**目標＆ポイント**》 推古朝の意義、難波宮造営の意義と天下立評の具体相、白村江の敗戦、庚午年籍と大津宮、壬申の乱、飛鳥浄御原令の頒布といったトピックについて論じ、あわせて「天皇」号や「日本国」号の成立期をめぐる議論を紹介する。

《**キーワード**》 推古朝、遣隋使、大化改新、前期難波宮、白村江の敗戦、庚午年籍、飛鳥浄御原令、「天皇」号、「日本国」号

1. 推古朝の内政改革

隋唐帝国の成立

　中国では6世紀の末に、隋が南北朝を統一して強大な帝国をつくり上げ、南北を結ぶ大運河の造成などの事業を推し進めた。しかし隋は、7世紀の初めには、大規模な力役の徴発や高句麗遠征の失敗などが原因となって各地に起こった反乱のなかで滅び、代わって618年に王朝を立てた唐が勢力を拡大し、やがて中国を統一した。

　唐は、隋がつくった律令格式の法体系を発展的に整え、これに基づいて三省六部などの中央集権的な官僚機構を確立し、長安・洛陽の二京、州—県—郷（500戸）—里（100戸）という地方行政の仕組みを整えた。人々は3年ごとにつくられる戸籍によって良・賤に分けられて掌握され、毎年、課丁（健康な壮年男子）を中心に耕地を配分しなおす（均田制）いっぽうで、課丁には租調庸や兵役を負担させるなど、唐王

朝は支配の仕組みを整えて国力を高め、領土を拡大していき、7 世紀末に最大版図、8 世紀半ばに最大の政府掌握人口（5,300 万人弱）を記録するに至った。

推古朝の諸改革

　6 世紀末、皇太子制などの安定的皇位継承の仕組みが整っていなかった倭国内では、豪族たちがそれぞれの支持する皇子を大王にしようとして争いを続けた。この争いを和らげるための一時的妥協として、初めての女性の大王（天皇）である推古天皇が即位すると、甥の厩戸皇子（聖徳太子）が、大臣の蘇我馬子と協力しながら、中国や朝鮮諸国に学んで、天皇を頂点とする政治制度を整えようとした。

コラム 「天皇」号の創始

　「天皇」という君主号が用いられるようになった時期については、遣隋使を派遣した推古朝という説、倭王の地位が格段に高まった天武・持統朝（7 世紀後半）という説、およびその中間の天智朝説の三説に分かれている。金石文のなかでは、飛鳥宮跡東外郭で 1985 年に発見された天武 10（682）年ごろと推定される木簡に「大津皇」「皇子」とあり、また 1998 年に飛鳥池遺跡で発見された、天智 9 年（670）〜天武 6 年の年紀を持つ木簡とともに出土した「天皇」と記された木簡が確実に遡れる上限で、天智朝の野中寺弥勒菩薩半跏像（666 年）の台座銘の「中宮天皇」がほぼ認められつつあり、推古朝の法隆寺金堂薬師如来像光背銘や天寿国繡帳銘文については、確実とはいえないとされている状況である。

　その語源については主要なものとして、①唐の高宗が 674 年に採用した自身の称号「天皇大帝」、②中国の民間信仰から発展した道教の最高神である三皇（天皇・地皇・泰皇）の一つ、③「天」（アメ）に対する信仰と皇帝の「皇」を合成した倭国独自の造語、といった三説があるが、①は高宗個人の称号であって皇帝号とは別次元であることや、同時に皇后（則天武后）に捧げられた「天后」号が倭国で採用されていないことから、否定的にみられつつある。「天皇」号が天武・持統朝創始であれば、「八色之姓」

の最高位である「真人」や天武の諡「瀛真人」と道教で理想とされる人間を指す「真人」との関連が考えられ、②の道教的な発想も考えられないではないが[1]、しかし、奈良時代には明らかに道教は排除されている点に難点がある。推古朝や天智朝であれば、伸張した王権のもとでの対外交渉での立場表明という背景から、③が有力になるだろう。

　まず推古8年（600）には、朝鮮三国に対する日本の立場を有利にし、隋の進んだ制度や文化を取り入れようとして、倭の五王以来久しぶりに中国への使者が派遣されたが、隋の文帝からは低い評価しか与えられなかった。そのため推古11年には、中国文化に適応し、あわせて外交使節の地位をも明確化するために、徳・仁・礼・信・義・智という徳目をそれぞれ大・小に分けた合計12の位を設け、冠の色と材質で区別することで地位をあらわす冠位十二階の制度を設けた。これは、家柄（ウジナやカバネ）にとらわれずに、才能や功績のある個人を官僚として取り立てようとしたものでもあり、実際に功績に応じて昇進する者もいたが、蘇我氏本宗家や大王の近親には授与されなかったらしい[2]。また、人そのものをランク付けするのは朝鮮半島諸国の位階制度と共通しており、隋唐の品階が官（ポスト）のランクであったのとは異なっていた[3]。さらに604年には、仏教や儒学の考え方をも取り入れた十七条の憲法を制定し、天皇の命令に従うべきことなど、役人の心構えを示した。

　これらの改革を施した後の推古15年（607）に、倭国は小野妹子らを隋に遣わした。対応した皇帝の煬帝は、もたらされた国書（君主の親書）が「天子」から「天子」に宛てた形式だったことに立腹したが、当時、隋は高句麗と対立していたため、倭と関係を結ぶことを重視して、翌年、妹子に隋からの使者裴世清を伴わせて帰国させた。遣隋使は以後

1　福永光司『道教と古代日本』（人文書院、1987年）。

2　黛弘道「冠位十二階考」（『律令国家成立史の研究』吉川弘文館、1982年。初出1959年）。

3　宮崎市定「日本の官位令と唐の官品令」（『宮崎市定全集22 日中交渉』岩波書店、1992年。初出1959年）。

数回にわたって派遣され、多くの留学生や留学僧が同行した。彼らのなかには高向玄理や僧旻のように、隋唐革命を目の前にみて帰国し、大化改新に際して登用された人々もいた。

飛鳥文化

　飛鳥（奈良盆地南部）のなかで大王の宮が転々として設けられた 6 世紀後半から、平城京に都を移す 710 年までを、飛鳥時代と呼ぶ。蘇我氏は、厩戸皇子とともに仏教を広めようとしたので、都のあった飛鳥を中心に、日本で最初の仏教文化が栄えた（飛鳥文化）。6 世紀末には蘇我氏の氏寺として日本で初めて本格的伽藍を備えた法興寺（飛鳥寺）が建立された。また、厩戸皇子の祈願に基づいて四天王寺や法隆寺が建てられた。現在の法隆寺の建物は、天武朝の火災の後に再建されてはいるが、厩戸皇子が建てた当時の姿を残しているといわれており、その釈迦三尊像・百済観音像などの仏像は、飛鳥文化の代表的作品とされている。飛鳥寺の釈迦如来像や法隆寺の釈迦三尊像が止利仏師（鞍作止利）の作とされているように、飛鳥時代の仏像は、主に朝鮮半島からの渡来人の子孫によってつくられたが、法隆寺の釈迦三尊像には北魏の仏像の、百済観音像には南朝の仏像の風貌が看取されるというように、飛鳥文化は南北朝時代の中国や、さらには第二次世界大戦後の 1949 年に焼損[4]した法隆寺金堂壁画の一部がインドのアジャンター石窟の壁画に酷似しているなど、遠くインドや西アジアなどの文化の影響をも受けている。

2. 大化改新

乙巳の変

　7 世紀のなかごろ、唐は対立する高句麗を攻撃し、そのために百済・

4　この事件が大きなきっかけになり、1950 年に文化財保護法が制定され、また文化財保護委員会（現在の文化庁に発展）が設置された。

新羅の両国でも緊張が高まり、三国ともに権力の集中が図られた[5]。そのころ国内では、皇位継承や部民の帰属をめぐって、有力氏族同士の対立や、氏族内部の主導権争いが激化していた。有力氏族の代表が大夫として集って[6]国政を審議・調整すべき朝廷も、大臣の蘇我蝦夷によって独裁的に運営されていたため、蘇我氏本宗家に対する反感が高まっていた。

　この情勢をみた中大兄皇子は、645年（皇極4）、中臣鎌足（のちの藤原鎌足）らとともに蘇我入鹿を暗殺し、父の蝦夷をも滅ぼした（乙巳の変）。この事件を受けて時の皇極天皇（中大兄の母）は退位し（初めての生前退位）、新たに孝徳天皇（皇極の同母弟）を擁立した中大兄皇子は、内臣に任じられた鎌足や、帰国した留学生で国博士に任じられた高向玄理・僧旻らの協力を得ながら、新しい政治の仕組みをつくる改革を始めた。このとき、日本で初めて「大化」という年号が使われたとされているので、通常、この改革を大化改新と呼ぶ。ただし、7世紀の紀年銘木簡ではすべて干支年号を用いており、「大宝元年」（701）より古い元号を記した出土文字資料は未検出なので、「大化」「白雉」「朱鳥」といった元号には、仮に定められたとしても、政治的強制力を伴わなかったとみられる[7]。

大化改新の詔

　孝徳天皇は都を難波に移すとともに（難波長柄豊碕宮。遺跡としては前期難波宮。大阪市）、646年元旦、それまで豪族が支配していた土地と人々とを、公地・公民として国家が直接支配することを初めとする四つの基本方針（「大化改新の詔」）を示した。また、朝廷の組織を整えて、権力の集中を目指したとされている。

5　石母田正『日本の古代国家』（岩波文庫、2017年。初刊1971年）。

6　関晃「大化前後の大夫について」（『関晃著作集2　大化改新の研究　下』吉川弘文館、1996年。初出1959年）。

7　小倉慈司『事典　日本の年号』（吉川弘文館、2019年）2～10頁。

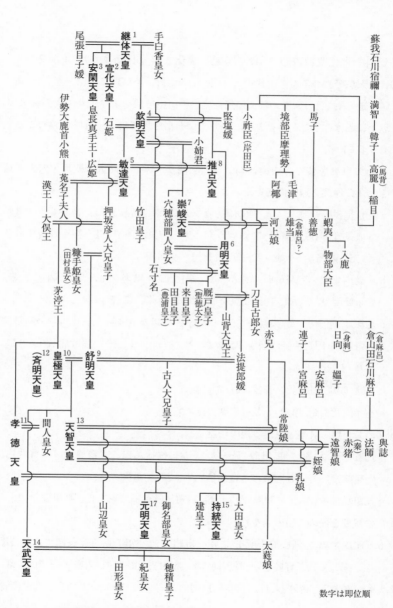

図 4 - 1　蘇我氏と天皇家の略系図

■**史料　大化改新の詔**（『日本書紀』大化2年元日条より）（原漢文）

①昔在天皇等立つる所の子代の民、処々の屯倉、及び別には臣・連・伴造・国造・村首の所有の部曲の民、処処の田庄を罷めよ。仍りて食封を大夫以上に賜はむこと、各差有り。降りては布帛を以て官人・百姓に賜むこと差有り。（下略）

②初めて京師を修り、畿内国司・郡司・関塞・斥候・防人・駅馬・伝馬を置き、及び鈴契を造り山河を定めよ。

　a 凡京毎レ坊置二長一人一。四坊置二令一人一。掌、按検戸口、督察奸非。其坊令取下坊内明廉強直堪二時務一者上充。里・坊長、並取二里・坊百姓清正強幹者一充。若当里・坊無レ人、聴二於比里・坊簡用一。

　b 凡畿内東自二名墾横河一以来、南自二紀伊兄山一以来〈兄、此云レ制〉、西自二赤石櫛淵一以来、北自二近江狭々波合坂山一以来、為二畿内国一。

　c 凡郡以二四十里一為二大郡一、三十里以下四里以為二中郡一、三里為二小郡一。其郡司並取下国造性識清廉堪二時務一者上為二大領・少領一、強幹聡敏工二書算一者為二主政・主帳一。

　d 凡給二駅馬・伝馬一、皆依二鈴伝符剋数一。

　e 凡諸国及関給二鈴契一。並長官執、無次官執。

③初めて戸籍・計帳・班田収授の法を造れ。

　f 凡五十戸為レ里。毎レ里置二長一人一。掌、按検戸口、課殖農桑、禁察非違、催駈賦役。若山谷阻険、地遠人稀之処、随レ便量置。

　g 凡田長卅歩、広十二歩為レ段。十段為レ町。段租稲二束二把、町租稲廿二束。

④旧の賦役を罷めて田の調を行へ。

　h 凡絹絁糸綿、並随二郷土所出一。田一町絹一丈、四町成レ匹。長四丈、広二尺半。絁二丈、二町成レ匹。長広同レ絹。布四丈、長広同二絹絁一、一町成レ端。〈糸綿絢屯、諸処不レ見〉。別収二戸別之調一。一戸賷布一丈二尺。凡調副物

　　　塩贄、亦随゠郷土所出゠。

　i 凡官馬者、中馬毎゠一百戸゠輸゠一匹゠。若細馬毎゠二百戸゠輸゠一匹゠。其買レ
　　　馬直者、一戸布一丈二尺。凡兵者、人身輸゠刀甲弓矢幡鼓゠。

　j 凡仕丁者、改゠旧毎卅戸一人〈以゠一人゠充レ廝也〉而毎゠五十戸゠一人〈以゠
　　　一人゠充レ廝〉以充゠諸司゠。以゠五十戸゠充゠仕丁一人之粮゠、一戸庸布一丈二
　　　尺、庸米五斗。

　k 凡采女者、貢゠郡少領以上姉妹及子女形容端正者゠〈従丁一人・従女二人〉
　　　以゠一百戸゠充゠采女一人粮゠。庸布・庸米、皆准゠仕丁゠。

（読み下しと語釈は日本古典文学大系『日本書紀　下』（岩波書店、1965 年）を参照。
a〜kのうちa・d・e・f・gは大宝令文と同文であり、c・j・kも大宝令文と同じ字
句が多い。大宝令文の本文、読み下し、語釈は日本思想大系『律令』（岩波書店、1976
年）を参照）

　上に掲げた大化改新の詔のうち、①〜④の主文(しゅぶん)はともかく、②〜④の
主文に副えられた「凡(およそ)」で始まる条項a〜kのほとんどは、大宝令の
条文からの転載か、大宝令による修飾を受けたものと考えられ、はたし
て大化2年の元旦に何がどこまで宣言されたのか、明確とはいえない状
況である。そこで、大化元年8月以降にしばしばみえる東国に派遣され
た国司による地方情勢把握[8]、大化2年3月の皇太子（中大兄）奏にみ
える名代・子代の廃止[9]といった、『日本書紀』にみえる諸政策の真偽を
含めた評価が論じられてきた。それらのなかでも、『常陸国風土記(ひたちのくにふどき)』そ
の他にみえる、国造の支配してきたクニを分割してあらたに「　評(こおり)　」
という行政単位をつくり、評の役人として評造(ひょうぞう)（ないし評督(ひょうとく)・助督(じょとく)）を
任命するという孝徳朝（大化〜白雉(はくち)年間）に実施された地方行政制度の
改革（「天下立評(てんかりっぴょう)」）[10]、および藤原宮(ふじわらきゅう)以降の日本の朝庭の祖型となった

8　井上光貞「大化改新と東国」（『井上光貞著作集　第1巻　日本古代国家の研
　　究』岩波書店、1985 年。初出 1965 年）。
9　薗田香融「皇祖大兄御名入部について─大化前代における皇室私有民の存在形
　　態」（『日本古代財政史の研究』塙書房、1981 年。初出 1968 年）。
10　鎌田元一「評の成立と国造」（『律令公民制の研究』塙書房、2001 年。初出 1977
　　年）。

前期難波宮の巨大な朝堂院の造営は[11]、確実に孝徳朝に実施された施策として重視されているといえよう。このとき任命された評の役人の子孫は、やがて郡司（大宝令の施行に伴い、「評」は「郡」に、評の役人は「郡司」に改称された）の地位を世襲的に継承していくことになる。

また、『古語拾遺』によれば、立評とほぼ同じころに祠官頭が置かれ、天皇に対して祟りをなす神を特定し鎮めの祀りを行うための御体御卜が始められたという。これは天皇が国土を一律支配するという意識の成立を示しているといえるだろう[12]。

なお、bの「畿内」の区切りについては、注意を要する。大化改新の詔では東西南北に向かう道路上の地点の内側が「畿内国」として示されたが、天武朝に国境が画定されて律令制の「国」が成立すると、大倭（のち大和）・摂津・山背（のち山城）・河内の四国（のちに河内から和泉が分かれて五国）が畿内とされた。畿内は倭政権以来の中央豪族（貴族）の出身地・本拠の地であり、倭国の朝廷の直轄地として国造制が実質を持っていなかった地域にあたり、後の大宝令制以降でも、負担体系の面で畿外（外国）とは区別して扱われた[13]。また、hの田の調や戸別の調は、後の令制にみえないものであり、cの郡の規模の規定も大宝令制とは異なっている。jの仕丁を「旧」30戸ごとに徴発する方式も含めて、これらは令制以前のいずれかの時点での規定を反映している可能性がある。

孝徳朝の末年から天智朝の初めころまでの間に、評に属する人々は「五十戸」という集団に編成されていった。石神遺跡（奈良県明日香村）で出土した、天智4年（665）の年紀を持つ「乙丑年十二月三野国ム下評大山五十戸造ム下部知ツ」と記された木簡は、「五十戸」表記が確認

---

11 直木孝次郎「大化改新私見」（『難波宮と難波津の研究』吉川弘文館、1994年。初出1978年）。

12 小倉慈司「律令制成立期の神社政策」（『古代律令国家と神祇行政』同成社、2021年。初出2013年）。

13 大津透「律令国家と畿内」（『律令国家支配構造の研究』岩波書店、1993年。初出1985年）。

される最古の木簡であるが、665年の時点では、個々の「戸」は厳密には編成されておらず、一定数の壮年男子を中核とする人間集団をまとめて「五十戸」と名付けたものに過ぎなかった可能性が大きい。

白村江の敗戦

やがて孝徳天皇と中大兄皇子等との関係が悪化して、中大兄らは飛鳥に戻った。残された孝徳は難波宮で殁し、姉の元・皇極が飛鳥でふたたび即位して斉明天皇となった。朝鮮半島では、新羅が唐と結んで、660年に扶余に都を置いていた百済を滅ぼし、義慈王以下の王族は長安に連行された。倭国は百済の復興を目指すその遺臣たちを支えようと大軍を送ったが、663年、錦江下流の白村江の戦いで唐の水軍に大敗してしまった。その後の668年、唐と新羅とは高句麗をも滅ぼしたが、やがて新羅と唐との間に抗争が勃発し、結局、朝鮮半島は新羅によって統一された（676年）。

3．律令国家への道のり

庚午年籍と天智朝の官制

白村江戦の直前に殁した斉明天皇の後をうけた中大兄皇子は、西日本の各地に山城（古代山城）を築き、防人や烽の制度を設けて、唐・新羅からの攻撃に備えた。そのいっぽうで皇子は、「甲子の宣」を出して、中央の諸氏が支配していた部民を民部・家部として認定し、あわせて大氏・小氏や伴造たちの氏上に、それぞれ刀などの威信財（レガリア）を与え、ウジに差等を設けた。667年に飛鳥から近江大津宮（滋賀県）に都を移した皇子は、翌年、ここで即位して天智天皇となり、670年、初めての全国民にわたる戸籍である庚午年籍をつくった。ここで初めて構成員の確定した「戸」が編成され、良・賎の身分も記録されることと

なり、その後の公民支配の基礎が出来上がったのである[14]。

　翌671年には太政大臣大友皇子（天智の子）以下の任官があり、また「冠位・法度の事」が施行されたことが『日本書紀』にみえる。『藤氏家伝』の大織冠伝（藤原鎌足伝）には、669年に歿した鎌足が「律令」を撰修しつつあったと記されているので、書紀の記事を近江令の施行と解釈する説があるが[15]、詳細は不明である。このころには隋唐の尚書省の六部にならって、六官（法官＝後の式部省、理官＝後の治部省、刑官＝後の刑部省、兵政官＝後の兵部省、など）も設けられたらしい。

天武朝の施策

　天智天皇の歿後、大友皇子との間の皇位継承をめぐる戦い（壬申の乱）に勝利して即位した天武天皇（大海人皇子。天智の同母弟）は、大友皇子側（近江朝廷側）についた有力な豪族の没落もあって天皇の権威を格段に高めた。天皇は再び飛鳥に戻って飛鳥浄御原宮に居を定め、律令や歴史書の編纂を命じ、また「甲子の宣」で定められた民部（部曲）をウジから切り離して一般の公民とするなど、新しい支配体制づくりに精力的に取り組んだ。従来のカバネの秩序を再編し、天武13年（684）には天皇家の系譜との関係で序列化した「八色之姓[16]」を定め、これが後の律令制下の官人社会の序列を背後で支えることになる。

14　井上光貞「庚午年籍と対氏政策」（『井上光貞著作集4　大化前代の国家と社会』岩波書店、1985年。初出1945年）。

15　井上光貞「日本律令の成立とその注釈書」（『井上光貞著作集2　日本古代思想史の研究』岩波書店、1986年。初出1976年）。

16　各氏族の系譜伝承を整理したうえで、天皇家に近い親族に「真人」（多治比など）、それより遠いが天皇家から分かれ、もともと「臣」のカバネを持っていた氏族の多くに「朝臣」（粟田、石川〈もと蘇我〉など）、天皇家の祖先神から分かれ、もともと「連」のカバネを持っていた氏族の多くに「宿祢」（大伴、佐伯など。ただし、系譜的に同じ位置づけでも、中臣・藤原・石上〈もと物部〉のように、「朝臣」とされた氏族もある）、帰化系の有力氏族に「忌寸」（坂上、秦など。ただし、畿内の国造系氏族の大倭・凡河内にも）というカバネを与えた。

　諸国の国境画定も進められ、また、「五十戸」は「里」と表記されるようになった。これらの結果は次の持統朝の庚寅年籍（690年）に反映され、国─評─里という各級の地方行政単位が確立する。

飛鳥浄御原令

　天武天皇の崩後は、天智の娘でもあるその皇后が持統天皇として即位し、698年には飛鳥浄御原令を諸司に頒布し、690年には太政大臣高市皇子以下を任命するとともに、庚寅年籍をつくってその後の六年一造籍制の起点とした。畿内では戸籍に基づく班田も始められた（畿外での

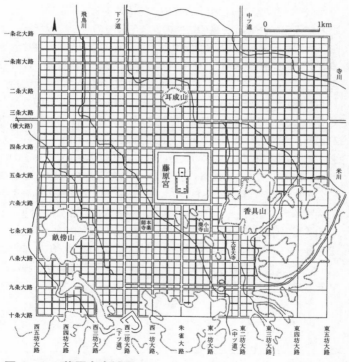

図4-2　藤原京京域図

班田 収 授の開始は、大宝 令の施行後とする説が有力である[17]）。

　その後、唐の都にならい、東西と南北の直線道路によって碁盤の目のように区画された日本で初めての本格的な都城である藤原 京を造営し、その中央に天皇の居所（内裏）と儀礼・政務の空間である朝堂院を設けることで（図 5 - 3 参照）、貴族・官人の居住区と律令制度に則った儀礼・政務を遂行できる場（藤原宮）をつくり、694 年にここに遷都した。

コラム　国号「日本」の制定

　「日本」という国号が公式に定められたのは大宝令制定のときであり、その公式 令 （公文書の様式と作成・施行の手続きを定めた編目）に規定された天皇が発する詔 書の冒頭の文言のうちの一つにみえる。この国号は、大宝令が施行された大宝元年（701）に任命され、翌年唐に渡った粟田真人以下の遣唐使（山 上憶良も随行）が、唐（実際には、武則天（則天武后）を皇帝として戴く周）王朝に披露している。この国号の持つ意味は「日の昇る方角に在る国」であり、中国の東方に位置していることを自認していたことを示す。大宝律令の制定がいつから始まったのかは明確ではないが、天武朝の 684 年に新羅経由で帰国した白猪骨・土師甥の二人が、大宝律令の撰定の功績により褒賞されているので、早くてもそのころとなろう。おそらく二人の帰還のときかそれ以前に唐の永徽律 令と律疏（律の公定註釈）とが持ち帰られ、これをもとにして初め飛鳥浄御原令、ついで大宝律令の編纂という運びになったと推測される。「日本」の国号は、この過程のなかで確定されていったので、それ以前には使用されなかったと考えられ、2011 年に中国で公表された「祢軍墓誌」（678 年）にみえる「日本」は、倭国ではなく、朝鮮半島にあった百済を指すとみるのが穏当である[18]。

17　鎌田元一「大宝二年西海道戸籍と班田」（『律令公民制の研究』前掲。初出 1997 年）。

18　東野治之「百済人祢軍墓誌の「日本」」・「日本国号の研究動向と課題」ともに『史料学探訪』（岩波書店、2015 年。初出前者 2012 年、後者 2013 年）。

参考文献

吉川真司『飛鳥の都』（岩波新書、2011 年）

同『律令体制史研究』（岩波書店、2022 年）

市大樹『飛鳥の木簡』（中公新書、2012 年）

坂上康俊「律令制の形成」（大津透他編『岩波講座日本歴史　古代 3 』岩波書店、2014
　年）

研究課題

○推古朝から持統朝までの歴史は、東アジアの情勢とどのようにかか
　わっているだろうか。

○同じ時代に、天皇と中央・地方の豪族との関係はどのように変化して
　いっただろうか。

○藤原京の造営は歴史的にどのような意義と限界とがあっただろうか。

5 │ 平城京の時代

坂上康俊

《**目標＆ポイント**》　宮都の造営プランや奈良時代の国際関係に触れながら、律令国家の支配の仕組みを概観した後に、奈良時代の政治過程、土地政策と財政政策、記紀の編纂や風土記撰進の意義、国家仏教の展開に触れる。
《**キーワード**》　大宝律令、平城京、遣唐使、三世一身法、墾田永年私財法、記紀、鎮護国家、行基、鑑真

1．律令国家

大宝律令の施行

　701 年（大宝元）に大宝 令が、翌年に大宝律が施行された。律令ともに、唐の律令を手本にしながらも、日本社会の実情を踏まえて修整が加えられたものである。律は刑法典であり、日・唐ともに約 500 条からなる。令は行政の組織と執務準則の基本（官僚制と文書行政、戸籍・計帳や班田収授・租調庸などの民政・税制、兵制や学制、その他）を定めた法典で、官位令、職員 令、神祇令、僧尼令、戸令、田令、賦役令、学令……といった編目に分けられ、約 1,000 条（唐の令は約 1,500 条）からなる。律令に基づいて統治する国家を日本では律令国家と呼び、天皇と、天皇から高い位を与えられて貴族となった畿内の有力氏族が中心になって運営された。

コラム　**中国の律令**

　「律」はもともと個々の法規定の意味であり、刑罰に限らずさまざまな規定が、国王から「律」として出されていた。戦国時代の秦や楚の「律」を記した竹簡が、墳墓から副葬品として出土しているように、秦の始皇帝による統一より以前に、それらは集積・整理され、法典としての「律」も編纂されていた。

　いっぽう「令」はもともと、個々の法規定たる「律」の施行を命じる王の命令書を指していた[1]。その後、「律」は純化して刑法典となり、いっぽう、「律」に含まれないさまざまな規定を編目に分けて集成した「令」法典が、西晋の時代に律と並ぶ形で編纂施行された（泰始律令、268 年）。

　隋代には、律令とともに、律令の規定を改める内容を持つ詔勅をまとめた「格」、および主として令の施行細則である「式」が、同時に編纂施行された（開皇律令格式、581 年）。唐は隋の法典の体系を受け継いでおり、第 3 代皇帝高宗のときに編まれ、大宝律令のもとになった永徽律令格式（651 年）と律疏（653 年）、玄宗皇帝の治世に編まれ最も完成度の高い開元 25 年（737）の律令格式など、数次にわたって律令や格・式の法典が編纂された。

　こうした流れをみると、中国史では「律令国家」という概念を当てはめにくいということになる。ただ、隋から唐の開元年間までが、律令法典の古典期であることは認められている[2]。

平城遷都

　701 年に任命され翌年出航した遣唐使は、日本からの使節として初めて長安城の大明宮に入った。703 年の正月には大明宮の含元殿での朝賀に参列したはずである。彼らの帰国を受け、708 年（和銅元）には、朱雀大路が狭く短い、南の方が高い、政務空間と儀式の空間とが重なっている、など儀礼空間としては問題があり、かつ旧来の豪族の根拠地である飛鳥に立地する藤原宮・京に代えて、あらためて奈良盆地北部に平城宮・京を建設することを宣言し、710 年に遷都した。奈良に都が置

1　廣瀬薫雄『秦漢律令研究』（汲古書院、2010 年）。
2　滋賀秀三「法典編纂の歴史」（『中国法制史論集』創文社、2003 年）。

68

中国法典等編纂	日本遣使	日本法制整備
隋（文帝）開皇律令格式 581 - 3	600　遣使者（隋書倭国伝）	
		603　冠位十二階制定
		604　十七条の憲法
隋（煬帝）大業律令 607	607 - 8　第 1 次遣隋使	
	608 - 9　第 2 次遣隋使	
	614 - 5　第 3 次遣隋使	
唐（高祖）武徳律令 624	630 - 2　第 1 次遣唐使	
唐（太宗）貞観律令格・貞観礼 637		
	640　留学生帰国	
		646　大化改新の詔
唐（高宗）永徽律令格式 651		
唐（高宗）永徽律疏 653	653 - 4　第 2 次遣唐使	
	654 - 5　第 3 次遣唐使	
顕慶礼 658	659 - 61　第 4 次遣唐使	
麟徳令格式 665	665 - 7　第 5 次遣唐使	（670　庚午年籍）
儀鳳令格式 677	669 - 71　第 6 次遣唐使	671　近江令？
	684　留学生帰国	
唐（則天）垂拱律令格式 685		689　浄御原令頒布
垂拱格後勅		701　大宝令施行
		702　大宝律施行
唐（中宗）神龍令格式 705	702 - 4　第 7 次遣唐使（執節使）	
	707　同帰国（副使）	
唐（睿宗）太極令格式 712		
唐（玄宗）開元前（3 年）令格式 715	717 - 8　第 8 次遣唐使	
唐（玄宗）開元後（7 年）令格式 719		721 頃　養老律令修撰
唐（玄宗）格後長行勅 731		
大唐開元礼 732	733 - 6　第 9 次遣唐使	
唐（玄宗）開元新（25 年）律令格式・律疏・格式律令事類 737（唐六典 738）	752 - 4　第 10 次遣唐使	738　令集解古記
		757　養老律令施行
貞元定格後勅（未公布）785		（797　続日本紀）
（通典 801）	804 - 6　第 11 次遣唐使	803　延暦交替式・（官曹事類）
元和刪定制勅（未公布）810		
元和格後勅 818		820　弘仁格式撰上
		830　弘仁格式施行（第一次）
太和格後勅 833		
開成詳定格 839	838 - 9　第 12 次遣唐使	840　弘仁格式施行
大中刑法総要格後勅 851		869　貞観格撰上・施行
大中刑律統類 853		871　貞観式撰上・施行
		907　延喜格撰上・施行
		927　延喜式完成
		967　延喜式施行

図 5-1　律令格式年表

かれてから、長岡京を経て平安京に都を移すまでの 80 年余りを、奈良時代と呼ぶ。

平城宮・京と諸国

　平城京の北の中央に置かれた区画（平城宮）の中央には、元日の朝賀や即位儀などの大規模な儀式に用いられる大極殿とそれを取り囲む一郭（第一次大極殿院・中央区朝堂院）が、その東には主に政務儀礼の場である、大安殿と十二堂からなる一郭（東区朝堂院・太政官院）が、そしてその北には天皇の住居である内裏が置かれ、これらの区画の外側を取り囲んで、太政官をはじめとする官衙（曹司）が宮内に建てられた[3]。官衙には総計約 1 万人が勤務しており、彼らの家族など、平城京では、約 7 〜10 万人が生活していた。

巻数	開元七年令（大唐六典＋天聖令）	養老令（編目順）
1	官品上	官位
2	官品下	職員
3	三師三公台省職員	後宮職員
4	寺監職員	東宮職員
5	衛府職員	家令職員
6	東宮王府職員	神祇
7	州県鎮戍嶽瀆関津職員	僧尼
8	内外命婦職員	戸
9	祠	田
10	戸（＋学？）	賦役
11	選挙（＋封爵？）	学
12	考課（＋禄？）	選叙
13	宮衛	継嗣
14	軍防	考課
15	衣服	禄
16	儀制	宮衛
17	鹵簿上	軍防
18	鹵簿下（＋楽？）	儀制
19	公式上	衣服
20	公式下	営繕
21	田	公式
22	賦役	倉庫
23	倉庫	厩牧
24	厩牧	医疾
25	関市＋捕亡	仮寧
26	医疾＋仮寧	喪葬
27	獄官	関市
28	営繕	捕亡
29	喪葬	獄官
30	雑	雑

図 5−2　律令編目一覧

平城京内に設けられた東・西の市では、調庸などの形で諸国から都に送られてきた産物が、実際に必要な物資と交換（売買）された[4]。

　京以外の地域は畿内と外国とに分けられ、前者には大倭・山背・河内・摂津の四ヶ国、のちに河内から和泉が分離して五ヶ国が所属する

3　渡辺晃宏『日本古代国家建設の舞台　平城宮』（新泉社、2020 年）。

4　宮川麻紀『日本古代の交易と社会』（吉川弘文館、2020 年）。

70

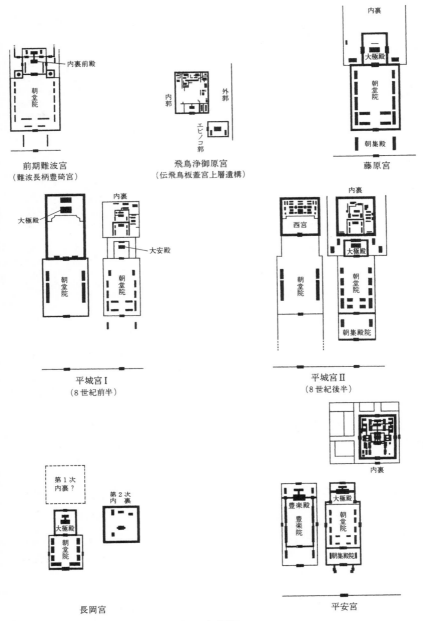

前期難波宮
（難波長柄豊碕宮）

飛鳥浄御原宮
（伝飛鳥板蓋宮上層遺構）

内郭

外郭

エビノコ郭

藤原宮

内裏

大極殿

朝堂院

朝集殿

平城宮Ⅰ
（8世紀前半）

大極殿

内裏

朝堂院

大安殿

朝堂院

平城宮Ⅱ
（8世紀後半）

内裏

西宮

大極殿

朝堂院

朝堂院

朝集殿院

長岡宮

第1次
内裏？

第2次
内裏

大極殿

朝堂院

平安宮

内裏

大極殿

豊楽殿

豊楽院

朝堂院

朝集殿院

図5-3　内裏・大極殿・朝堂院変遷図

（五畿）。外国は東海・東山・北陸・山陰・山陽・南海・西海という七本の官道（七道）に沿った多くの国々に区分されていた。併合や分離を経た後の平安時代初めには、左・右京と、畿内・外国あわせて六十六ヶ国二島（壱岐と対馬）とに落ち着いた。

　諸国には畿内に基盤を持つ氏族の出身である国司が原則 4 年任期で派遣され、国造や孝徳朝に評の役人に任命された地方の豪族の子孫が世襲的に任命された郡司（中郡以上では、大領・少領・主政・主帳の四等官からなるが、このうち大領・少領が郡領と総称されて世襲的に任じられた）が、国司を支えて造籍・班田収授や徴税を初めとする行政にあたった。国司は守・介・掾・目の四等官および史生（書記官）からなるが、国の規模によって定員が異なり、大国でも 10 名前後に留まるため、国内の行政は、基本的に郡司たちを初めとするそれぞれの国内の有力者に依存せざるを得ない状況であった。

　諸国には国府と呼ばれる官衙域が設けられ（明確な境界を伴うわけではない）、その中心には藤原宮や平城宮の朝堂院を小さくした平面プラン（南面する正殿と東西の脇殿とをコの字型に配置する）を持つ 100 m 四方程度の塀と溝に囲まれた国庁（国の政庁）が、その周辺には官衙（曹司）や国司たちの居館、工房などが配置された。定型的な国庁は天平年間にようやく整えられたというのが通説であるが[5]、国庁自体の造営は 7 世紀末には果たされていたのではないかという説が有力になりつつある[6]。

　郡司の執務空間としては郡衙（郡家）が造営され、政務・儀礼の行われる郡庁（郡の政庁。典型的には約 50 m 四方の塀の中に正殿・脇殿・庭を設定するが、時期的な変遷がある）の傍らには曹司のほかに、租税を収納・保管するための巨大な高床倉庫（正倉）が建ち並んでいた。

5　山中敏史『古代地方官衙遺跡の研究』（塙書房、1994 年）。
6　大橋泰夫『古代国府の成立と国郡制』（吉川弘文館、2018 年）。

大宰府と多賀城

　西海道には、諸国の行政を監督しつつ外交や防衛の衝にあたる官庁として大宰府が置かれた。南九州には隼人と呼ばれる人々がおり、7世紀末から8世紀初頭にかけて、律令制の浸透を図る政府に対して数次にわたる大規模な反乱を起こしたが、大宰府や、特に派遣された征隼人大将軍大伴旅人らによって鎮圧された。その後も隼人たちは、日本の朝廷が異民族を従える帝国であることを示すための象徴として、北方の蝦夷とともに夷人雑類扱いを受け、平安時代の初めに至るまで朝貢を強いられ、班田収授も行われなかった[7]。

　いっぽう、東山道の北端には、広大な陸奥国の行政を担当する官庁として7世紀後半に陸奥国府が置かれたが[8]（仙台市郡山遺跡。694〜700年頃には、藤原宮をモデルとして、方位を真北にあわせ材木列と大溝で区画された方4町の規模を持つⅡ期官衙が造営された）、724年（神亀元）に多賀城が造営されると国府はここに移され、同所に置かれた鎮守府とともに、城柵とこれに属する柵戸とを編成・統轄しつつ、蝦夷との交渉や国内統治にあたった[9]。西海道と陸奥国は一種の軍管区と見なされ、両地域の調庸は基本的に大宰府・陸奥国府（多賀城）に留められ、外交（蝦夷との交渉を含む）と軍事とに提供された[10]。

7　永山修一『隼人と古代日本』（同成社、2009年）。

8　長島榮一『日本の遺跡35　郡山遺跡　飛鳥時代の陸奥国府跡』（同成社、2009年）。

9　熊谷公男『古代の蝦夷と城柵』（吉川弘文館、2004年）、今泉隆雄『古代国家の東北辺境支配』（吉川弘文館、2015年）。

10　平野邦雄「大宰府の徴税機構」（竹内理三博士還暦記念会編『律令国家と貴族社会』吉川弘文館、1969年）、鈴木拓也『古代東北の支配構造』（吉川弘文館、1998年）。なお、大宰府からは調庸綿（真綿）が毎年10〜20万屯京進されている。

2. 律令制下の負担体系

人々の身分と負担

　8世紀初めの日本の政府掌握人口は450万人ほどで、彼らは戸令にもとづいて6年ごとにつくられる戸籍では、戸ごとに良民と奴婢などの賤民とに分けて登録された。良民のうちでも、5位以上の位階を持つ200人前後の貴族たちが、太政官・八省・五衛府を初めとする役所で高い地位につき、官（原則として職掌を持つポスト）と位階とに伴う大きな収入を得ていたが、これらの特権は、蔭位の制（父祖の位階に応じて、成人した子孫に一定の位階が与えられる仕組み）によって、その子孫にも引き継がれた。

　戸籍に登録された6歳以上の男女には、田令に基づき、良民男性に2段、良民女性にはその3分の2、賤民の男・女である奴・婢にはそれぞれ良民男女の3分の1の口分田が与えられ、その人が亡くなると、国に返すことになっていた（班田収授の法）。班田収授が実施しやすいように、水田を約109m四方（1町＝10段）の区画で碁盤の目のように区切る条里制が施工された。

> **コラム**
>
> **日本古代の賤民**
>
> 　日本の戸令には、5種類の賤民（五色の賤）が規定されており、同じ身分の者以外との結婚を禁止され、その子も同じ身分の賤民とされる規定になっていた。ただし、賤民の最上位に位置する陵戸は、陵墓の警衛に当たるよう指定された戸であるが、大宝令では賤民ではなく、養老令で賤民とされたものであり、また陵戸が欠けたならば良民が仮に指定されるなど、賤民としての身分は曖昧であった。陵戸の下には、官有の賤民として官戸と官奴婢（公奴婢）が、民有の賤民として家人と私奴婢が規定されていた。官戸と家人は家族を構成することができ、いっぽう、官私の奴婢は家畜同様に売買することができる定めであったが、実際には家人の実例はみえずに奴婢が家族的に生活しており、いっぽう、官戸は官奴婢が年老いて

一段階解放されたものであった。

　現存している戸籍の断簡には、戸の勢力に応じて多数の私奴婢が記載されており、また私奴婢が寺院に寄進されて寺奴婢とされたり、有力氏族には氏賤が隷属したりしていたことが知られている。賤民についての規定の多くは唐令を引き写したもので、日本の実情とは合っていない。日本の奴婢は、「ヤッコ」として代々朝廷や主人に隷属してきた人々のことであって、社会的身分ではなく、主人の家が消滅すると自動的に良民になるものであった[11]。こうした背景があるので、平安時代になると律令での賤民の規定は有名無実となった。延喜年間（901〜）に奴婢解放令が出されたという史料もある（「観世音寺文書」）。

租調庸

　人々は、口分田の面積に応じて租を負担したが、このほかに21歳から60歳までの健康な男子（正丁）を中心に、布や特産物を都まで運んで納める調・庸などの税や、兵役の義務が課せられた。租は良田の場合収穫の３％程度で大きな負担ではなく、もともとは収穫を感謝して神に捧げた初穂に由来するものと考えられている。租は飢饉などに備えて郡の倉庫（正倉）に蓄積されたが、平安時代になると中央官僚の給与などに流用されていった。調は「ツキ」と読まれ、「貢ぎ物」の意味であり、究極的には大王（天皇）を通じて神に捧げられる初穂であった[12]。いっぽう、庸の本質は、外国から京へ里（50戸）ごとに１人送られる仕丁（炊事当番１人を伴う）や、軍団の兵士から選ばれて京中の警備につく衛士、郡司の子女弟妹が貢上される兵衛や采女、こういった人々への仕送り（庸米・庸布）であった（大化改新の詔のj・kを参照。59頁）。このように、調庸はともにかつて国造が倭政権に服属儀礼として差し出していたものに由来するもので、これに中国風の税の用語を当て、定量化したものであるが[13]、陸奥国や西海道の分を除いて京進され

11　榎本淳一『日唐賤人制度の比較研究』（同成社、2020年）。

12　大津透「貢納と祭祀」（『古代の天皇制』岩波書店、1999年。初出1995年）。

13　大津透『律令国家支配構造の研究』（前掲）、同『日唐律令制の財政構造』（岩波書店、2006年）。

た調庸は、さまざまな行事や造営の経費、および官僚への給与などに充てられ、朝廷の主要な財源とされた[14]。

公出挙

　諸国の財源には主に公出挙の利稲が充てられた。出挙は元来、春・夏に種籾や食料米がなくなってしまう人々に有力者が稲を貸し出し、秋には利息をつけて返させる共同体維持のための仕組みの一つだったと考えられているが、律令国家はこれを諸国の財政の仕組みに組み込んだのである[15]。公出挙はもともと、人々の必要に応じて郡司の裁量で貸し出していたらしいが、諸国の財政を確立するために、745年（天平17）には国の規模に応じた量の公出挙本稲（元本）が決定された[16]。その結果、春・夏の本稲の貸し付けは次第に強制的なものになり、秋に5割[17]の利稲を添えて返還させる税になっていった。

　正丁のほぼ4人に1人は兵士に指名され、調庸と、年間60日を限度として国司から労役を命じられる雑徭が免除される代わりに、年間60

14　早川庄八「律令財政の構造とその変質」（『日本古代の財政制度』名著刊行会、2000年。初出1965年）。

15　唐では、中央・地方の官衙ごとの独立財政を支えるために、銭や麦などの出挙が行われており、百済でも出挙木簡が出土しているため（三上喜孝「古代東アジア出挙制度試論」『日本古代の文字と地方社会』吉川弘文館、2013年。初出2009年）、日本古代の公出挙は、これら諸国の仕組みを取り入れて、初めから財政制度として導入した可能性が出てきている。

16　実際には、本庄総子「律令国家と「天平の転換」―出挙制の展開を中心に」（『日本史研究』655、2017年）が述べるように、736年（天平8）頃から正税帳に見える諸国の公出挙の本稲数が切りの良い数字に揃えられており、強制貸付となったらしい。

17　奈良時代には、公出挙の利率は5割だが、借り手が死亡した際には返還が免除された。平安時代には、諸国の財政の安定を優先して、利率を3割に下げるけれども死亡者の借りた分は家族など周囲の人々の責任で返還することが求められた。なお、私出挙の利率は10割が普通であったが、人々が公出挙に依存するように、また、私出挙の債務を負った人々が貸し手である有力者に隷属することがないように、政府はしばしば私出挙禁止令を出した。

76

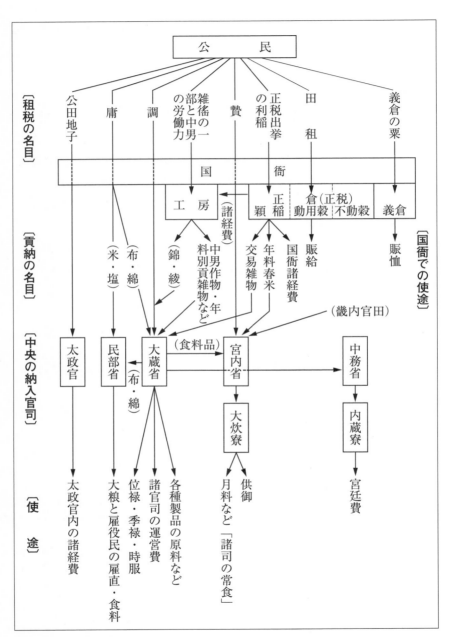

図5-4　律令制下の租税の種類と用途

日間、諸国に置かれた軍団で訓練を受けた。兵士となった人のなかには、衛士として都に送られる者もおり、また特に東国の兵士のなかには、防人として対馬・壱岐その他九州北部に送られる者もいた（約3,000人）。

3. 奈良時代の政治過程

長屋王の変

奈良時代に入る頃には、娘の宮子を文武天皇（在位697〜707年）の夫人（キサキの一種）とし、その間に生まれた首皇子（後の聖武天皇）を皇太子としていた藤原不比等が朝廷を主導し、大宝・養老の律令や『日本書紀』などの編纂事業を推進した。720年に彼が死去すると、

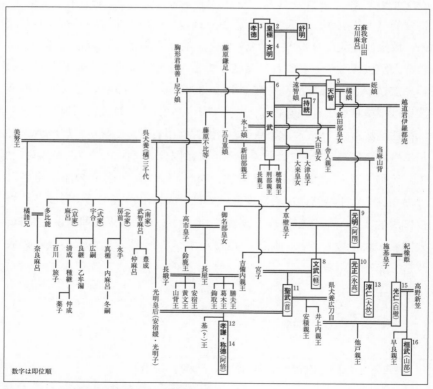

図5−5　天智から桓武までの天皇系図

皇親の長屋王（高市皇子の子）が政府の首班となって聖武天皇を支え、三世一身法を出し、また多賀城を造営したが、不比等の4人の子（南家の武智麻呂、北家の房前、式家の宇合、京家の麻呂）は、姉妹で聖武の夫人となっていた安宿媛（光明子）を、当時内親王（天皇の娘か姉妹）でなければなれないとされていた皇后に立てることを画策し、長屋王・吉備内親王（文武天皇の妹）夫妻を自殺に追い込んだ（長屋王の変、729年）。

天平の動揺

　天平と改元された後、光明子の立后が実現し、その後の政権は藤原氏の4兄弟主導で運営された（藤四子体制）。しかし、737年（天平9）に疫病（天然痘か）が大流行し、藤原氏の4兄弟が相次いで死去した結果、政権は皇親出身の橘諸兄に移り、唐から帰国した吉備真備と玄昉の2人が抜擢される。これに反発して2人を除くことを主張した式家の藤原広嗣が大宰府で反乱を起こした（740年）。その乱のさなか、聖武天皇は平城京を去り、恭仁京（京都府木津川市）、難波宮（遺跡としては後期難波宮。大阪市）、紫香楽宮（滋賀県甲賀市）と転々としたが、745年に平城京に戻った。この間の741年には国分寺・国分尼寺建立詔、743年（天平15）には墾田永年私財法、744年には大仏造立の詔が出されており、また平城宮の中央区朝堂院では、大極殿が恭仁京に移築された後に西宮という居住空間へと改変され、いっぽう、東区朝堂院内では、大安殿が大極殿とされ、院内の建物がすべて瓦葺きにされるなどの大改造を受けている[18]。

18　渡辺晃宏『日本古代国家建設の舞台　平城宮』（前掲）。

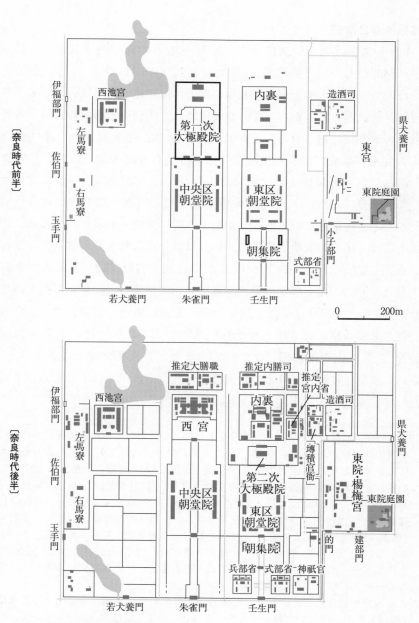

〔奈良時代前半〕

〔奈良時代後半〕

図 5-6　平城宮図

藤原仲麻呂政権

　749 年に聖武天皇は譲位し[19]、光明皇后との間に生まれた娘（皇太子）が即位した（孝謙天皇）。東大寺の大仏開眼供養（752 年）を済ませたのち、聖武太上天皇は 756 年に死去、橘諸兄は同年に引退して翌年歿し、聖武朝の末年から実質的な政権は、光明皇后と藤原仲麻呂（武智麻呂の次子）に握られる。これに反発する橘奈良麻呂や大伴古麻呂らの計画が事前に漏れて失敗すると（橘奈良麻呂の変、757 年）、藤原仲麻呂は、自邸に住まわせていた大炊王（舎人親王の子）を即位させ（淳仁天皇、758 年）、光明皇太后を後ろ盾に唐風化政策[20]や新羅征討計画などを推進していった。しかし 760 年に光明皇太后が歿すると、孝謙上皇は「国家の大事と賞罰の二柄」は自分が裁断すると宣言して政権を掌握しようとした（762 年）。ここに道鏡や吉備真備らと結んだ孝謙上皇と、淳仁天皇を擁する藤原仲麻呂（恵美押勝）との間の緊張が高まり、764 年、仲麻呂は反乱を起こしたが近江に敗走して殺され、淳仁も廃位されて淡路に流され、孝謙が再び即位した（称徳天皇）。称徳は道鏡を太政大臣禅師に任じ、やがて法王として天皇なみの待遇を与え、さらには皇位に就けようと目論んだが、和気清麻呂らによって阻止された（宇佐八幡宮神託事件、769 年）。

19　この間、聖武は受戒、出家、譲位をしているが、それらの前後関係については、史料間に齟齬がある。『扶桑略記』には天平 21 年（749）正月 14 日に行基から菩薩戒を受けたとし、『東大寺要録』巻 1 所引「或日記」では、天平 20 年正月 8 日出家、4 月 8 日に行基から菩薩戒を受けたとし、『続日本紀』では、天平感宝元年（749）閏 5 月 20 日に「太上天皇沙弥勝満」、同月 23 日では「天皇、薬師寺に遷御」、そして 7 月 2 日に譲位・改元とある。この間の事情については、岸俊男『藤原仲麻呂』（吉川弘文館、1969 年）、同「天皇と出家」（『日本の古代』7、中央公論社、1986 年）、勝浦令子「聖武天皇出家攷」（大隅和雄編『仏法の文化史』吉川弘文館、2003 年）、本郷真紹「聖武天皇の生前退位と孝謙天皇の即位」（『日本史研究』657、2017 年）等参照。

20　太政官を乾政官、式部省を文部省など、官司名を中国風に変えたり、各家に『孝経』という中国の古典を備えさせようとしたりしたほか、四字年号の採用は則天武后の、正丁の年令幅の圧縮は玄宗の施策を模倣したものである。

天智系皇統へ

　770 年に称徳が殁したとき、それまでの政争で天武天皇の子孫のほとんどは死に絶えてしまっていた。そこで藤原永手や吉備真備らは、天智天皇の孫の白壁王を皇位継承者に立て、道鏡を下野 薬師寺に追放した。光仁天皇（白壁王）は聖武の娘である井上内親王を皇后に立て、2 人の間の子の他戸親王を皇太子として天武系との融合を図ったが、井上・他戸の 2 人は謀反の疑いをかけられて廃位された（772 年）。代わって翌年、渡来系氏族出身の高野新笠を母とする山部親王が皇太子に立てられ、やがて即位して桓武天皇となり（781 年）、長岡・平安遷都を敢行する運びとなる。

4. 律令国家の財政政策

奈良時代の土地政策

　8 世紀の初め頃、人口は毎年 1 ％前後という驚異的な増加率を示していた。このため口分田として班給するための田土が足りなくなるのは当然である。そこで政府は 723 年、三世一身法を出して開墾を奨励し、灌漑設備を新しく設けて水田を開発すれば三世代（自身を含めて数えるかどうか不明）、古い灌漑設備を利用して再開発すれば自身一生の間、開発地の用益を認めることとした。そもそも大宝令の田令には、新開発地がどう扱われるかについては明確な規定がなかったが、おそらく開発直後の班田収授の際に収公されることはなく、開発者の存命中の用益は認められていたと思われる。もちろん開発地についても租は田令の規定通りにかけられた。三世一身法は、開発の苦労に応じた用益期間を明確にした点、そして特に開発者の死後も孫（ないし曾孫）までの用益権を認めた点に意義があるといえる。

　しかし、この三世一身法では、やがて開発地が収公されることも規定

されているので、用益期限が近づくにつれて開発地を放棄することが予想され、実際にそのような事態が起こった。そこで政府は743年、あらためて墾田永年私財法を出して開発地を私財とし、その子々孫々への伝領や売却・寄進等を認めることにした。こうすることによって開発・再開発された土地の荒廃を防ぎ、その結果、租の収入を維持・増加することができるからである。当時の公出挙は必ずしも口分田を含めた用益している田の面積に比例してかけられていたわけではないが、前述のように次第に租税化しつつある公出挙の対象地を拡大することもできた。742年以降の4度の班田図（班田計画＝結果を記した図面）は「四証図」と呼ばれて土地所有関係の確認の際に重要な証拠とされたが、こういった条里地割の施工を前提とした田図の整備も[21]、墾田永年私財法を契機とした政府による土地所有状況の掌握の深化の一端を示すものといえるだろう。

　ただそのいっぽうで、貴族や東大寺などの寺院、さらに郡司などの地方の有力者は、周りの農民を使って開墾を行ったり、墾田を買い取ったりして、さかんに私有地を広げた。これらの私有地の管理のための事務所や倉庫は「荘」と呼ばれたので、貴族や寺院の私有地は、やがて荘園と呼ばれるようになった。奈良時代に未開地を勅施入された東大寺などの荘園は、国郡の行政機構に依存する墾開・経営形態を取ったため、郡司の力の衰えた9世紀には壊滅状態となったが、墾開地を寄進されたり買い取ったりして成立した院宮王臣家・寺社の荘園は、平安時代初期に大土地所有として展開していくことになる。

中央政府財政の逼迫

　以上の土地政策は、諸国の財政を拡大・強化するには役立ったが、中央政府の財政の根幹は、先述のように調庸にあった。人口が増加し、ま

21　鎌田元一「律令制的土地制度と田籍・田図」（『律令公民制の研究』前掲。初出1996年）。

た国造制以来の服属儀礼の考え方が多少とも活きている間は、調庸収入に問題は無かったが、支出の方はそうはいかなかった。914 年（延喜 14）に三善清行は、その「意見封事十二箇条」において、

> 欽明天皇の代に、仏法初めて本朝に伝へ……降りて天平に及りて、いよいよ尊重をもてす。遂に田園を傾けて、多く大寺を建つ。堂宇の崇く、仏像の大なること、工巧の妙、荘厳の奇、鬼神の製のごとくなるあり。人力の為すに非ざるに似たり。また七道諸国をして国分二寺を建てしむ。造作の費、各その国の正税を用ゐたりき。ここに天下の費、十分にして五。

と述べている（『本朝文粋』）。この数字が正しいのか確かめるのは容易ではないが、平城宮・京その他の宮都・離宮の造営、徐々に増えていく官僚[22] の給与支給、また東大寺などの寺院や大仏の造立には、莫大な経費がかかったはずである。

和銅開珎の発行

　平城宮・京の造営にあたる労働力は、主として雇役の方式で調達され、雇直（賃金）に充てるために和同開珎が鋳造された（708 年〜）。支払われた銅銭の一部は、調や雑徭（の代価）として回収することとし、更に銅銭の価値を維持するために政府は蓄銭叙位令を出して、銭と位階との交換を認めることで流通を促した。銭貨の発行は、造営のための労働力を安価にかつ一時に大量に確保するには役立ったが、受け取った側は調銭・徭銭として国家に還流させるわけだから、結局これは、未来の調・雑徭で現在の必要労働力を購うことを意味することになる。

軍団兵士制の停廃

　こういった財政状況を直撃したのが天平 9 年の疫病の大流行であり、

22　土田直鎮「律令官制衰頽に関する一考察」（『奈良平安時代史研究』吉川弘文館、1992 年）。

被害の激しいところでは人口の約3分の1が亡くなったのではないかといわれている[23]。これを目の当たりにした政府は、仏教による国家の鎮護を求めて国分寺・国分尼寺、大仏、東大寺等の造営を進めたが、国分寺・国分尼寺は諸国の公出挙から財源を捻出するとしても、大仏や東大寺等については朝廷の方で必要経費を捻出しなくてはならない。そこで最も容易な調庸の増徴策として取られたのが、軍団兵士制の停止であった。当時、正丁の約4分の1が兵士とされ、兵士の調庸は免除されていたので、兵士制をやめるだけで調庸収入は3割以上増えることになる計算である[24]。天平9年まで進められていた蝦夷支配領域への進攻は、疫病の流行を承けて中止され、天平11年には軍団兵士制が停止された。これが復活したのは746年（天平18）であり、792年（延暦11）には、西海道と陸奥・出羽・佐渡を除いて軍団兵士制は再び停止された。東アジアの国際関係は安定していて防衛戦を意識する必要はほとんどなかったいっぽうで、造都と征夷を進めるための財源を確保しなければならなかったからである。

天平文化

　奈良時代には、唐の制度や文化を取り入れ、あわせて東アジアにおける日本の立場を確保しようとして、朝廷は遣唐使をたびたび中国に送ったので、都では、仏教と唐の文化の影響を強く受けた国際的な文化が栄えた。この文化は、聖武天皇の天平年間に最も栄えたので、天平文化と呼ばれている。聖武天皇遺愛の家具・調度や楽器その他を、その歿後に光明皇太后が東大寺に寄進した正倉院宝物のなかには、遠く西アジアやインドから唐にもたらされ、それを遣唐使が持ち帰ったものが数多く含まれている。また、東大寺、興福寺、薬師寺、唐招提寺など、奈良の寺々に残る建築、仏像、絵画にも、天平文化の特徴がよく残されている。

23 William Wayne Farris *Population, Disease, and Land in Early Japan, 645-900*, Harvard-Yenching Institute Monograph Series, 1995.

24 下向井龍彦「軍縮と軍拡の奈良時代」（『歴博』71、1995年）。

　当時の僧は、税や刑罰を免除されるなど国家による保護を受けるいっぽうで、国家を仏教の力によって守ることが課されていたが、その頃の日本では、正式に受戒した僧 10 人による伝戒師以下の三師七証を揃えることができなかったので、唐僧の鑑真とその弟子一行を招請することでこれを揃え（一行の入京は 754 年）、初めて正式な授戒を行えるようになった。いっぽう、行基のように民間で布教し、民衆とともに橋や用水路をつくる僧もあらわれた。宗教運動が反乱に結びつきがちな中国で行われた規制を参照して、政府は初め行基の活動を弾圧したが、のちには行基を大僧正に任じ、その影響力を大仏の造営に利用した。

　律令国家建設の方向性が定まった天武朝には、国家の起源や天皇の統治権の由来を確認しようとする機運が生じた。大宝律令が施行され、国際的な交流も盛んになると、先の目的を果たそうとして、太安万侶が神話や推古朝までの伝承・記録をまとめた『古事記』（712 年）、六国史の筆頭で舎人親王（天武の子）らが天地の始まりから持統朝までをまとめた『日本書紀』（720 年）が編纂され、また 715 年に命令を下して諸国の地理情報・産物・伝説などを報告させた『風土記』もつくられた。和歌も盛んになり、奈良時代の末に大伴家持がまとめたといわれる『万葉集』には、天皇や貴族だけでなく、防人や農民の歌も収められている。さらに漢詩文も一定の水準に達し、奈良時代の末に淡海三船がまとめたといわれる『懐風藻』には、近江大津宮時代以来の作品が収められている。

参考文献

青木和夫『日本の歴史 3　奈良の都』（中公文庫、1973 年。初刊 1965 年）

佐藤信編『日本の時代史 4　律令国家と天平文化』（吉川弘文館、2002 年）

坂上康俊『シリーズ日本古代史 4　平城京の時代』（岩波新書、2011 年）

吉川真司『天皇の歴史 2　聖武天皇と仏都平城京』（講談社学術文庫、2018 年。初

刊 2011 年)。

大津透『律令国家と隋唐文明』（岩波新書、2020 年）

東野治之『正倉院』（岩波新書、1988 年）

東野治之『遣唐使』（岩波新書、2007 年）

東野治之『鑑真』（岩波新書、2009 年）

研究課題

○奈良時代の政治史は、どのような展開軸をもっていただろうか。

○遣隋使・遣唐使は日本の歴史・文化にどのような影響をもたらしたの
　だろうか。

○宮都・国府・郡衙は、律令国家の中央集権的な支配の中で、それぞれ
　どのような機能を果たしたのだろうか。

6 │ 古代国家の成熟

坂上康俊

《**目標＆ポイント**》 桓武天皇による造都と征夷の進展、及び新しい仏教の導入から始め、太上天皇の変容、蔵人所の設置、摂政と関白の創始といった中央での政治の流れの一方で、律令制の行き詰まりと、これと表裏をなす院宮王臣家と富豪の輩との結合、こういった動きに対処し中央財政を立て直すための国司交替の制度の整備、その結果としての受領の誕生を見通す。
《**キーワード**》 蝦夷、長岡京、平安京、最澄、空海、蔵人所、摂政、関白、院宮王臣家、富豪の輩、受領

1. 平安遷都

造都と征夷

　奈良時代の後半には、皇位継承をめぐって貴族や僧の勢力争いが続き、政治が混乱した。そこで桓武天皇は政治を立て直そうとして、天武系の天皇たちが営んだ都を棄て、784年（延暦3）、都を長岡京（京都府向日市など）に移した。長岡京は、淀川の水運を利用できる交通の要衝に位置していたが、起伏の多い地形で、また何度も洪水に見舞われた。785年、遷都を推進していた式家の藤原種継が暗殺され、これに関与したとして皇太弟の早良親王が餓死させられるという事件が起こり、やがて桓武天皇の周辺で、早良親王の怨霊のせいとされる死去や病気が相次いだ。これを恐れた桓武は長岡京を放棄することとし、新たに京都盆地に平安京をつくらせて、794年（延暦13）に遷都した。この後、鎌倉幕府が成立するまでの約400年間を、平安時代と呼ぶ。

　774年（宝亀5）、現在の宮城県東部沿岸に居住していた蝦夷が、律令国家によるこの地域の支配拠点だった桃生城（宮城県石巻市）を攻撃し、更に780年には、それまで服属して陸奥国上治（伊治）郡大領の地位にあった蝦夷の一人伊治公呰麻呂が反乱を起こし、多賀城を焼き討ちするという事件が起こった。これらを契機として8世紀末から9世紀初めにかけて、朝廷は、東北地方の蝦夷に対してたびたび大軍を送った（東北三十八年戦争）。蝦夷の人々は激しく抵抗し、特に、胆沢地方（岩手県奥州市）を基盤とした蝦夷の指導者のアテルイは、789年、その本拠地を5万人の朝廷軍に攻撃された際、たくみに戦闘を指揮して朝廷軍を敗走させた。797年、征夷

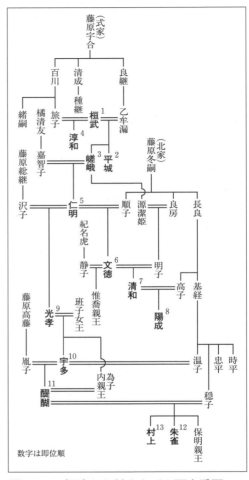

数字は即位順

図6-1　桓武から村上までの天皇系図

大将軍に任命された坂上田村麻呂は、802年（延暦21）、4万人の朝廷軍を率いてようやく胆沢地方を平定して胆沢城をつくり、アテルイを捕らえた。胆沢城には、それまで多賀城に置かれていた鎮守府が移され

図6-2　古代東北要図

た。

　陸奥・出羽での蝦夷との対立はその後も続くが、造都と征夷は財政を圧迫した。そこで805年（延暦24）、桓武天皇はこの両事業の継続の可否について参議藤原緒嗣と菅野真道に諮問して討議させ（徳政相論）、緒嗣の意見を容れて両事業の中止を決定した。

　いっぽうで、この頃には国際関係の緊張が緩んだため、792年（延暦11）、陸奥・出羽・佐渡の三国と西海道の諸国島以外では軍団兵士制をやめ、代わりに郡司の子弟や公民の中でも弓馬に優れた者を国ごとに20〜200人ずつ採用して健児とし、兵庫（武器庫）や国府の警備に当たらせることにした。この政策によって調庸の収入が増えただろうことは前章で述べたとおりである。

勘解由使の設置

　797年（延暦16）頃、国司の交替を監理するために、勘解由使が設置され、一旦廃止された後の824年（天長元）に再置された。当時、国司の前任から後任への国ごとの財産（公出挙本稲や官舎など）の引き継ぎが完了した際には、後任から前任に「解由状」という文書を与えることになっていたが、欠損分・破損分が補填・修理されていないなどの理由でなかなか交付されないという事態が起こっていた。そこで新たに、後任が前任に解由状を与えられない理由と、それに対する前任の弁明とをともに記した「不与解由状」という文書を後任が前任に交付することにした。前任はこれを勘解由使に提出し、勘解由使の判定で前任の責任の程度を決めるという方式を定めたのである。これによって国司交替時の事務停滞を防ぎ、責任の所在が明らかにされて、紛糾が処理されることになった。803年（延暦22）には、国司の交替に関する法令をまとめた『延暦交替式』もまとめられた。交替式はこののち、貞観・延喜

の二度にわたって改訂版が編纂・施行されている。

薬子の変と蔵人所の設置

　桓武の後を継いだ平城天皇は、冗官を大量に整理し、またその弟の嵯峨天皇は検非違使を置いて京中の治安維持にあたらせたほか、平城上皇とその愛人で尚 侍であった藤原薬子、およびその兄の仲成が、810 年（大同 5）、平城京への還都を企図した際（薬子の変、平城太上天皇の変）、蔵人所を設置して腹心の藤原冬嗣らを蔵 人頭に任じた。従来、内裏の中にいる天皇と太政官以下の官僚機構との意思疎通は、尚侍を初めとする女官を通じてなされていたが、こののちは天皇の傍に控える蔵人頭以下の蔵人たちが、天皇の秘書官として連絡役となり、天皇の意思が尚侍らの女官を通じて外部に漏れることがないようにしたのである。やがて蔵人所は宮中のさまざまな部署（所）を統轄する組織に成長し[1]、9 世紀末の宇多天皇のときには、天皇に最も近いところで警護にあたる滝口の武者が、蔵人所の管轄下に設置されている。

法典の編纂

　このように、9 世紀前半には律令に規定された官職が統廃合されるいっぽうで、律令に規定の無い役職（「令外の官」と呼ぶ）が設置されるなど、施行して約 100 年を経た律令官制に大幅な手直しがなされた。そこで、これまでの制度改変を振り返り、あらためて現行の規定を確定するために、桓武朝に「格」の編纂に取り組み始め、大宝律令の施行以後に出された詔勅や太政官符を整理し、嵯峨朝に『弘仁 格』としてまとめられた（820 年、弘仁 11。実際にはその後も手を入れられ、淳和朝・仁明朝に改訂版が施行されている[2]）。それと同時に、これまで

1　所（菊池）京子「「所」の成立と展開」（『平安朝「所・後院・俗別当」の研究』勉誠出版、2004 年。初出 1968 年）。

2　鎌田元一「弘仁格の撰進と施行について」（『律令国家史の研究』塙書房、2008 年。初出 1976 年）。

諸官司で積み重ねられてきた事例や施行細則を整理して官司ごとにまとめた『弘仁式』も編纂された（820年）[3]。令（養老令）の公定註釈である『令義解』が編纂・施行されたのもこの頃である（833年、天長10）。格式はその後、清和天皇の貞観年間（『貞観格』『貞観式』）、10世紀に入った醍醐天皇の延喜年間（『延喜格』『延喜式』）と合計三度にわたって編纂され、日本でも律令格式という四つの法典が揃うに至った。嵯峨天皇はまた年中行事の整備にも力を入れ[4]、その一部の式次第をまとめた『内裏式』が編まれた。儀式についてはその後、貞観年間に『儀式』（『貞観儀式』）が編まれ、朝廷での多くの儀式の式次第が示された。

最澄と空海

　9世紀のはじめ、遣唐使とともに唐に渡った最澄（伝教大師）と空海（弘法大師）は、仏教の新しい宗派を日本に伝えた。最澄は、隋の智顗が完成させた仏教教学を学ぶために天台山に赴き、国清寺その他で修学して帰国、日本に天台宗を伝えた。天台教学は法華経を重視し、すべての人には生まれながらに仏性が備わっているので、誰でも修行を積めば悟りに達することができると説くものである。最澄は、比叡山（滋賀県・京都府）に延暦寺を建て、ここに大乗戒壇を設けようとした。鑑真らが伝えた三師七証の立会を要する戒は小乗戒にすぎず、そのような立会を必要としない大乗戒の方が優れているとして戒壇の設立を朝廷に願い出たのである。南都の諸僧との間で激烈な論争が生じたため、最澄の死後ようやく認められた延暦寺の大乗戒壇からは、以後、天台僧が輩出されるようになるが、最澄の弟子にあたる円仁（慈覚大

3　虎尾俊哉「「例」の研究」（『古代典籍文書論考』吉川弘文館、1982年。初出1962年）、同『延喜式』（吉川弘文館、1964年）。

4　山中裕『平安朝の年中行事』（塙選書、1972年）。年中行事には、大祓・賀茂祭のような神事や、灌仏のような仏事、叙位・除目（官吏の任命）などの政務のほか、七夕・相撲などの行事まで含まれており、9世紀末に藤原基経がつくらせ、清涼殿に設置された「年中行事障子」に列記されたものが基準となった。

師）や円珍（智証大師）らは、現世利益を求める天皇や貴族社会のために、密教を取り入れる必要に迫られて唐に至り、その成果を承けて天台宗も密教化していった（真言宗の東密に対して台密という）。

　いっぽう、長安で修学し、帰国して密教の一つである真言宗を開いた空海は、嵯峨天皇に認められて高野山（和歌山県）に金剛峯寺を建てることを勅許され、更に平安京に教王護国寺（東寺）を与えられたほか、その奏上によって宮中に真言院が設けられ、ここでは天皇の身体の安穏と国家の安泰を祈る修法が行われた。延暦寺や金剛峯寺は、いずれも人里はなれた山奥の寺で、学問やきびしい修行を行うことで呪力を培うものであり、やがて台密・東密は、現世利益を求める貴族たちの間に広く受け入れられていった。

　密教はインドで生まれ、8世紀に中国に伝わったもので、大日如来を念じつつ呪文を唱え、神秘的な体験を得ることを重視する教えである。密教の教義（世界観）を説明する曼荼羅が多く描かれ、また密教で重視される大日如来や不動明王などの神秘的な仏像が、多くは一木造の技法でつくられた。山林での仏教修行は修験道の源流となり、また、奈良時代後半に行われるようになった神前での読経や神宮寺の造立に加えて、日本の神々とさまざまな仏とを結びつける本地垂迹説[5]もおこり、神仏習合の風潮が盛んになった[6]。

2. 公民支配の危機

籍帳支配の危機

　いっぽうで、律令に基づいた公民支配と徴税の面では、問題が拡大し

5　仏が仮（権）に姿を変えて出現したもの（権現）が神であるとする思想で、後には天照大神を大日如来と同一視するなど、特定の神の本地に特定の仏をあてるようになった。

6　貴族も民衆も基本的に求めたのは現世での利益であり、その上での来世での解脱であった。これを獲得するための手段として最先端の呪力が求められたのである。呪力の有無の証明（たとえば祈雨や止雨の結果）は、国家にとってのみならず、民衆にとっても仏教・僧侶の信頼性を測るものであった。

つつあった。まず戸籍・計帳（けいちょう）による公民の把握については、奈良時代から浮浪（ふろう）（本貫地（ほんがんち）から離れて暮らすこと）・逃亡（とうぼう）（負担から逃げ出すこと）があったが、このなかには、移住先が把握されているなど計画的な移住とみられるものも混じっており[7]、そもそも古代日本の家族のありようが中国の籍帳制度をまねてつくった日本律令の籍帳とはなじみにくく、中国式の籍帳による公民の把握が困難な面もあったと思われる。

コラム　日本古代の家族と戸籍

　　戸籍から古代の家族生活を復原することについては、すでに第二次大戦前に、母子の同籍率の低さ、夫婦の同籍率の高さなどから疑問が出され、戸は「人為的に設けられた公法上の団体」とまでいわれていた[8]。しかし戦後になって、西海道・御野（美濃）・下総の戸籍（いずれも正倉院文書の中に一部が残っていた）と計帳の分析とを踏まえて「郷戸実態説（ごうこじったいせつ）」、すなわち二十数名からなる家族や奴婢が、戸主の指導のもと一つの経営体として家族生活を営んでいたという説が有力になった。これに対して、これは50戸＝1里という枠組みに規制されたための見かけの大家族であって家族や経営の実態ではないとする「歪拡大説（ひずみかくだいせつ）」（法的擬制説（ほうてきぎせいせつ））が提唱されたが、結局、戸籍は家族生活を映し出すことを目的とするものではないという意味では実態を反映しているとは限らず、かといって現実から遊離してしまっては公民把握の役に立たない、という観点から「編戸説（へんこせつ）」が唱えられるようになり、これが現在も有力である[9]。「編戸説」において「戸」とは、おおよそ4人の正丁を中核に配偶者・親族や奴婢などの隷属民をまとめて公民支配に適したように編成したものとなり、居住や経営などの現実の家族生活とはズレが生じるとみられる。そこで現実の家族生活を復原するために、『万葉集』などの文学作品の分析や、親族呼称・婚姻規制などからの文化人類学的なアプローチ、そして婚姻や財産についての日唐律

7　直木孝次郎「奈良時代における浮浪について」（『奈良時代史の諸問題』塙書房、1968年。初出1951年）。

8　瀧川政次郎『律令時代の農民生活』（刀江書院、1943年）。

9　南部曻「戸籍・計帳研究史概観―岸・平田理論いわゆる「歪拡大説」・「家族構成非再現説」の検討を中心に」（『日本古代戸籍の研究』吉川弘文館、1992年。初出1976〜79年）、杉本一樹「日本古代家族研究の現状と課題」（『日本古代文書の研究』吉川弘文館、2001年。初出1986年）。

令の比較研究、さらには貴族の日記や遺産相続・債務などに関する文書・帳簿の分析を通じて、奈良平安時代の家族生活の復原に取り組むようになり、さらに考古学的な発掘調査を通じた居住形態の研究や、埋葬ルールの変化から家族に迫る方法も注目を浴びている[10]。

　特に注目されるのは日本の女性の立場であり、口分田の班給対象となる一方で、公出挙の借り手にもなり、遺産相続に預かることなどは、唐代の女性、少なくとも法生活における彼女たちにはみられないことであった。オジ・オバ・イトコのように親族呼称の面で父方・母方に違いがないなど双系的な系譜観念が強く、日本の女性は実家との結びつきがかなり強い。政治的地位は父方から引き継ぐが、邸宅などの財産相続や養育の面では母方からの支援が大きいのが、日本古代の事例には目立つ[11]。

　一般に唐代も含む前近代中国では、同居共財（共爨とも）、すなわち同じ所に住み家計（かまど）をともにする集団が、父子同気という観念を柱に、一夫一妻多妾という婚姻形態を伴って自然に成立していた。これを「家」と呼び、戸籍はその「家」を「戸」として掌握する。父系血縁集団なので、そのなかの尊長（世代的に一番上で、その世代での最年長の男子）は自動的に決まることになり、その「家長」を「戸主」として戸籍に登録する[12]。中国では漢代以来の戸口統計が残っているが、ほとんどの場合一戸の平均戸口数は5〜6人となっている。唐の戸籍は、こうした同居共財の者たちをそのまま戸として登録するわけだから、そこに「編戸」は入り込む隙がない。これに対して日本古代の「戸」の背後には、自ずからに存在している同居共財の「家」が存在せず、絶えず「編戸」して適当な規模に調整していくことになる。当然、漏れが生じやすく、また故意ではなくとも偽籍が生じやすくなるのである。

　ただし、日本での戸籍上の戸がきわめて人工的に編成されたものであることと、実際の家族生活が流動的であったかどうかとは別に考える必要がある。田植の際の労働力を確保するために「家」が競って魚酒を提供す

10　坂上康俊「律令国家の法と社会」（歴史学研究会・日本史研究会編『日本史講座2』東京大学出版会、2004年）、田中禎昭「古代戸籍研究の方法と課題」（『歴史学研究』1020、2022年）。
11　吉田孝『律令国家と古代の社会』（岩波書店、1983年）、関口裕子『日本古代婚姻史の研究』上・下（塙書房、1993年）、同『日本古代家族史の研究』上・下（塙書房、2004年）。
12　滋賀秀三『中国家族法の原理』（創文社、1967年）。

るという状態が、個別経営の成立を示していること[13]、また「妻問い」は訪婚ではないこと[14]など、最近の研究は日本古代における主人と主婦（刀自[15]）との共同経営に目を向けつつある。

班田収授の崩壊

　律令国家は浮浪人を所在地で籍帳とは別の帳簿（浮浪人帳）に載せ、口分田を班給しないまま調庸を取り立てることで本貫地への帰還を促し、また、逃亡した防人を捕捉して再度任に就かせるといった努力を重ねていた。しかし、浮浪人たちは有力者や寺社などのもとにもぐり込んで荘園での労働力となったり、田地の開発・再開発を請け負ったりして活路を見いだしていった。

　そのいっぽうでは、口分田を支給されながら調庸を負担しない女子を、その死亡後も登載し続けるなどの不正（偽籍）も徐々に増えていった。しかも、墾田永年私財法によって班田収授の対象とならない私有地が点在するようになり、売買や寄進・譲渡によってその所有者が変化するなどの結果、偽籍の横行と相まって、班田収授の際の土地所有認定が煩雑なものになっていった。こうして、田令の規定では造籍の2年後に班田収授を行うことになっていたのに、その間隔が次第に間延びするようになり、ついに801年（延暦20）には班田収授を全国一律に12年に一度（一紀一班）にするように制度改訂し、また奴婢への口分田支給の停止などの措置も採られた。それでも9世紀のうちに班田収授は次第に行われなくなっていき、ついに902年（延喜2）の命令を最後に、班田の励行は史料から消えてしまった。

13　義江明子「殺牛祭神と魚酒」（『日本古代の祭祀と女性』吉川弘文館、1996年）、小倉慈司「古代在地祭祀の再検討」（『古代律令国家と神祇行政』同成社、2021年）など。

14　今津勝紀「古代の社会編成と地域社会」（西山良平・勝山清次編『日本の歴史　古代・中世編』ミネルヴァ書房、2021年）。

15　義江明子「村と宮廷の「刀自」たち」（『日本古代女帝論』塙書房、2017年。初出2011年）。

公出挙の変質

　この間、租の徴収についてはあまり問題がなかったようだが、公出挙については大きく変わっていった。まず、9 世紀の初めに田率賦課、すなわち耕地の面積に応じて公出挙を負担することが制度化された。しかし、後述の富豪層のように院宮王臣家と結んで国・郡からの徴税を拒もうとするものたちがあらわれ、彼らは公出挙の本稲を受け取らず、当然、秋に利稲を添えて国・郡に納めることも拒否するようになった。いっぽうで、いちいち春・夏に本稲を貸し付け、秋に利稲を添えて納めさせるのは煩雑なので、単に秋に利稲相当分だけを徴収する方式を国・郡側が採用するようになった（利稲率徴制）。こうして公出挙は、耕地にかけられる単純な地税へと変わったのである[16]。この変化の背後には、膨大な量の本稲が回収不能となっていたという現実が隠されていたが、ただし、本稲は帳簿上には残されており（そうでなければ解由状のやりとりなどの交替手続きを通過できない）、利稲相当分の徴収は、可能な限り続けられていたと考えられる。

　いっぽうで、主として郡家（郡衙）に建ち並んでいた正倉のうちの不動倉（満杯になり、非常時用として封鎖されていた穀倉）の穀は、中央政府の財源として用いられることが重なり[17]、動用倉の方に納められていた本稲が上記の次第で消滅したことと相まって、諸国郡の正倉は無用のものとなりつつあった。10 世紀に入る頃に郡家の遺構が消失することについては[18]、次に述べるような郡司の力の衰えも背景に考えなければならないが、郡家の象徴ともいえる正倉の消滅が与える印象が大きいだろう。

16　村井康彦「公出挙制の変質過程」（『古代国家解体過程の研究』岩波書店、1965
　　年。初出 1960 年）。
17　早川庄八「律令財政の構造とその変質」（前掲）。
18　山中敏史『古代地方官衙遺跡の研究』（前掲）。

3. 受領の誕生

受領の誕生

　このように、国衙財政の方は曲がりなりにも運営されていったが、中央財政の方は主たる財源である調庸の収取の面で大きな問題に直面していた。問題は主として麁悪（粗悪）・違期・未進からなる。蜘蛛の巣のようだといわれるような品質の布、都からの距離によって定められている納入期限の超過、そして結局は京進されないままになってしまう、という問題が、当時指摘されている。

　政府はこれに対して、国司の責任を明確化することで対処しようとした。もともとは国司たちの連帯責任だったのを、担当者（専当国司）に集中させるなど紆余曲折があるが、守・介・掾・目の四等官制を持ち、それぞれの在任期間がずれてしまう仕組みのなかでは、長い年月に積み重なってしまった未進の責任を公平・正当に各人に負わせて弁償させることはできるものではない。そこで結局、基本的に4年任期（西海道は5年任期）で交替する国司の長官（守）に任期中（実際には納期の関係で前任者の任終年と当任の3年間の計4年分）の調庸の納入の全責任を負わせることにした。任期中に京進すべき調庸をすべて納入し終えていなければ、交替手続きを終えられないと定めたのである。こうして9世紀末葉から10世紀初頭にかけて、調庸その他の京進・納入が解由制度と結びつけられることになり、実際に現地に赴任する国司の中の最上位の者、つまり多くの場合は守（常陸・上総・上野は親王任国で、給与は受けながら赴任しない親王が太守となるので介、大宰府も同様に権帥ないし大貳）に、国衙財政と京進物との全責任を負わせる制度が出来上がったのである[19]。この地位は、新任が、交替の際に一国の財産などすべてを前任から引き継ぐことから、やがて受領と呼ばれるようになった。

19　北條秀樹「文書行政より見たる国司受領化」（『日本古代国家の地方支配』吉川弘文館、2000年。初出1975年）。

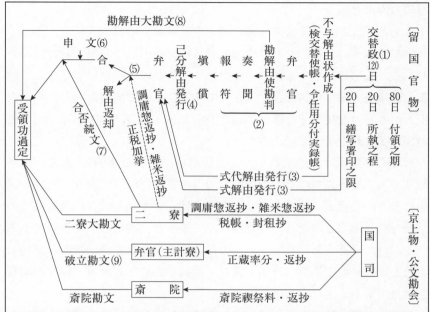

(1)延喜交替式10・12・13条、(2)延喜勘解由使式状帳条、(3)(4)朝野群載巻26 式解由・式代解由・己分解由、(5)延喜交替式86・96・131条、(6)朝野群載巻28 功過申文、(7)同前 主計寮合否続文、(8)政事要略巻28 天慶8年正月6日宣旨、(9)侍中群要第6 奏報事・朝野群載巻28 主計寮率分数之勘文・功過時率分所勘文。

図6-3　受領の交替から功過定までのプロセス

留国官物とは公出挙本稲や官舎のことで、新任の受領が任地に到着すると、前任との間で120日以内に引継ぎが行われなければならない。ここで紛糾が生じるので不与解由状が作成され勘解由使が判定し、欠損分の補填が行われると前任の受領個人についての責任が果たされるという証明書（己分解由）が発行される。これが上段の流れである。いっぽう、調庸その他の都に納めるものや任中の行政・財務の報告書については、それぞれ提出先の返抄（受領証）を受け取り、それをとりまとめて任期の終わりに提出し、チェック終了の証明書を取り揃えなくてはならない。その際、調庸がすべて納められていないと上の段の流れが止まってしまい受領功過定に進めないことになり、当然次の官職に就けなくなる。

郡司の没落と転身

　もちろんここに至るまでの間、国司たちは調庸の収取・京進、そして公出挙を疎かにし続けたわけではない。調庸の未進は弁償の義務に繋がり、また公出挙利稲の未納は、ただちに国衙財政に、ひいては自分の給与（公廨稲の配分）に影響するからである。そこで国司たちと、納税を拒否する有力公民（その背後には院宮王臣家や諸司がついていた[20]）との間に挟まれたのが郡司たちであった。

　もともと郡司は、国造以来の（改新詔 c 、58 頁を参照）、あるいは孝徳朝の天下立評以来のその地域の有力者の系譜を引いており、朝廷が諸国にもとめた調庸やさまざまな力役奉仕は、いずれも彼らの服属儀礼の伝統を引き継ぐものだったことは前章で述べた。赴任してくる国司たちの力だけではそうしたヒト・モノの貢進を実現できず、伝統的な郡司の支配力に依存して造籍・班田・徴税・徴発を初めとした地方行政が実現されたのである。

　しかし、律令制の進展に伴って、人格的な支配・隷属関係は、制度と機構とを通じた関係に変わっていく。一種の経済合理性が通用・支配する世界が出現してしまったのである。公民のなかには、巧みな経営やさまざまな伝手を通じて勢力を伸ばすものたちがあらわれた。奈良時代の末頃から史料上に「富豪浪人」などの用語で表されるようになる彼ら富豪層は、営田（一家の口分田や墾田だけでなく、他人の口分田や私有地を強引に借りてまでして大規模経営する）と私出挙（一種の債務奴隷として周辺の公民たちを縛り付ける）とを両輪とした経営を展開するようになる[21]。彼らのなかには、名目だけの下級の役職を得て在京諸司に地位を獲得することで免税特権を得たり、中央の有力者（院宮王臣家）の庇護を得たりして国郡に対抗するものもあらわれた。その際に矢面に立たされたのが現場にいる郡司たちである。ついには郡司になり手がいな

20　吉川真司「院宮王臣家」（『律令体制史研究』岩波書店、2022 年。初出 2002 年）。

21　戸田芳実「平安初期の国衙と富豪層」（『日本領主制成立史の研究』岩波書店、1967 年。初出 1959 年）。

いという状況になってしまった。

　国司の方は、こうした状況を承けて郡司の自由な任免権を朝廷から手に入れ、これによって、それまでの伝統とはかかわりなく、国衙直属の徴税担当官として郡司たちを再編成することを余儀なくされていった。おおよそこれが 9 世紀末葉から10世紀初頭の地方行政のありさまである[22]。

4.　摂関政治の始まり

摂政と関白の出現

　9 世紀の初めは、桓武天皇や嵯峨天皇が天皇家の家長として強い統制力を持ち、政治的にも指導力を発揮していた。嵯峨天皇は 823 年に異母弟の大伴親王（淳和天皇）に譲位すると、内裏から出て嵯峨院に隠棲し、政治の表面から退いたが、家長としての権威は保ち続けた[23]。これまでは太上天皇（だいじょうてんのう）が天皇と並んで政治権力を行使し、直接に国家機構を動かすことが可能だったが、嵯峨は淳和天皇から太上天皇という尊号を奉られるという儀式を通じて、太上天皇と太政官以下の国家機構との間を完全に遮断し、政治権力の安定化を図ったのである。これ以降譲位した天皇は、現天皇の父、あるいは祖父である場合に限り、現天皇の直系の親族として、私的にのみ影響力を行使しうる存在となった。太上天皇のこのような性格は、基本的に院政にも継承されることになる。

　淳和の皇太子には嵯峨の子の正良親王（まさら）（のちの仁明天皇（にんみょう））が就き、その即位後には淳和の子の恒貞親王（つねさだ）が皇太子とされた。ところが、淳和について嵯峨上皇が殪した（ぼっ）直後、恒貞の側近の橘逸勢（はやなり）と伴健岑（とものこわみね）らが謀反を企てているとの密告があり、恒貞を廃太子して新たに仁明と藤原良房（よしふさ）

22　坂上康俊「負名体制の成立」（『史学雑誌』94-2、1985 年）、山口英男「十世紀の国郡行政機構」（『日本古代の地域社会と行政機構』吉川弘文館、2019 年。初出 1991 年）。

23　笹山晴生「平安初期の政治改革」（『平安の朝廷　その光と影』吉川弘文館、1993 年。初出 1976 年）。

の妹 順子との間に生まれた道康親王（のちの文徳天皇）を立太子させるという事件が起こった（承和の変、842 年）。藤原氏による他氏排斥の一つとして取りあげられがちだが、逸勢も健岑もともに両氏の主流・中心人物とはいいがたく、この後にも伴善男や橘 広相が公卿（参議以上の貴族官人）に列している。むしろ大納言藤原愛発と中納言藤原吉野とを皇太子派として排斥するいっぽうで、両統迭立状態を解消して自らの甥を立太子させることで、藤原良房が冬嗣流北家の立場を確立したことに意義を認めるべきだろう。

　病弱な文徳天皇の在位中に良房はその娘の明子と文徳との間に生まれた惟仁親王を皇太子とし、自らは太政大臣になった。文徳が殂した 859年、9 歳で即位することになった清和天皇の政務は、外祖父にあたる良房が取り仕切らざるを得ず、この時点から摂政の実質が始まったと考えられる。清和の元服を承けて良房はいったん摂政を退いたようであるが、867 年の応天門の変の際には再び摂政を命じられている。

　清和が譲位する際、良房の甥の基経に新天皇陽成の摂政が命じられた。粗暴な振る舞いの多かった陽成を退位させた基経は、884 年（元慶 8）、文徳天皇の弟の時康親王を皇位につけた（光孝天皇）。光孝は基経の貢献に報いようとして「奏すべき事、下すべき事」をすべて基経に諮稟せよという命令を出した。これと同じ内容の命令を次の宇多天皇も基経に出したが、その際には「奏すべき事、下すべき事」をすべて基経に「関り白せ」と命じ、これがその地位の呼称「関白」の起源となった。具体的には基経は、天皇と太政官との間でやりとりされる文書すべてに予め目を通すという役目、すなわち「内覧」を命じられたのである[24]。

24　坂上康俊「関白の成立過程」（笹山晴生先生還暦記念会編『日本律令制論集』下、吉川弘文館、1993 年）。

遣唐使の時代から海商の時代へ

　唐では安史の乱（755〜763）以降も国内で反乱があいつぎ、9世紀にはその勢力が徐々に衰えていった。日本からの遣唐使の派遣も間遠になり、平安時代に入ってからは最澄・空海が同行した延暦の遣唐使（804年出航）と円仁が同行した承和の遣唐使（838年出航）の2度に留まった。しかし、9世紀の前半には新羅の商人が、そして新羅末期の混乱の波及を恐れて新羅商船の来航が禁じられた9世紀後半には唐の商人が、交易のために日本に来るようになり（実質的な担い手の変化の程度は不明）、朝廷では大宰府鴻臚館（福岡市）での彼らとの貿易の仕組みを整えて、書籍や陶磁器などの工芸品の輸入を図った。また、円珍をはじめ多くの僧が商船を利用して唐との間を往復し、唐の情勢を伝えた。

　9世紀の末に即位した宇多天皇は、寛平6年（894）に菅原道真らを遣唐使に任命したが、道真は在唐中の僧から得た最新の情報に基づいて唐の衰退と往復の危険を理由に挙げて再検討を求めた。派遣の中止が決められたわけではないが、この後は派遣の議論も立ち消えになった。

参考文献

坂上康俊『律令国家の転換と「日本」』（講談社学術文庫、2009年。初刊2001年）
佐々木恵介『平安京の時代』（吉川弘文館、2013年）
吉川真司編『日本の時代史5　平安京』（吉川弘文館、2002年）
山中章『長岡京研究序説』（塙書房、2001年）
鈴木拓也『戦争の日本史3　蝦夷と東北戦争』（吉川弘文館、2008年）

研究課題

○藤原京・平城京・平安京の立地と構造の違いについて考えてみよう。

○律令国家と蝦夷との戦争が双方に及ぼした影響について考えてみよう。

○最澄と空海が南都仏教に対してとった姿勢の違い、およびその後の歴
　史において真言宗・天台宗が果たした役割について考えてみよう。

○受領の任国支配は、律令制下の国司に比べて、どのような面で特徴が
　見いだせるか、考えてみよう。

7 | 摂関政治と地方社会

坂上康俊

《**目標＆ポイント**》 宇多天皇による皇権回復の試みと、それを承けた醍醐・村上朝の施策の実態、その間にもすすむ摂関政治の確立の道程、そしてこの政治体制の最も安定した道長・頼通期を概観し、これを支えた受領たちの国内支配体制である負名の制度、及びその支配体制と表裏をなして進展した武士の勢力伸長と荘園の発達について考える。

《**キーワード**》 延喜天暦の治、摂関政治、負名体制、武士、天慶の乱、清和源氏、寄進地系荘園

1. 摂関政治

延喜天暦の治

　関白藤原基経の歿後、藤原氏を外戚（母の父や母の兄弟）としない宇多天皇は摂政・関白（以下、両者をともに指す場合は、摂関とも）を置かず、学者出身の菅原道真を登用し、また、遣唐使の派遣を企図した。さらに、天皇の一代ごとに有資格者を定める昇殿の制度を創設し[1]、内裏での天皇の日常の居所がそれまでの仁寿殿等から清涼殿に固定されたのを承けて、その南庇に殿上間が設けられ、ここには蔵人が詰めることになった。蔵人所は定員が増やされ、そのもとに滝口の武者を置くなど、宇多天皇は、天皇の権威を高めることに尽力した。

　しかし、次の醍醐天皇の901年（延喜元）、左大臣藤原時平は、右大臣に昇進していた菅原道真が、娘婿の斉世親王（醍醐の弟）の即位を企てていると訴え、道真は大宰権帥に左遷された後、任地で死去してし

1　古瀬奈津子「昇殿制の成立」（『日本古代王権と儀式』吉川弘文館、1998年。初出1987年）。

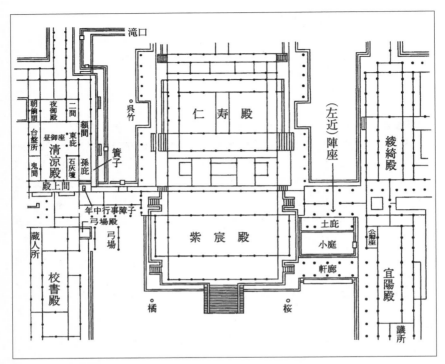

図7-1　内裏図

まった（903年）[2]。宇多上皇は左遷を阻止しようとしたが、宮中に入ることを拒否されたと伝えられている。退位した天皇は国政に関与してはならないという嵯峨天皇の立てた方針が貫かれたことになる。

　10世紀の初めの醍醐天皇の時代には、班田を命じたり、延喜の荘園

2　道真の死後、皇太子保明親王の死去（923年）、次いで立てられた慶頼王の死去（925年）、清涼殿への落雷（930年）などが道真の怨霊の仕業として恐れられるようになった。そこでこれを鎮めるために道真は神格化され、天満自在天神として京都の北野天満宮（北野神社）や、道真の墓所に建てられた太宰府天満宮で祀られた。のちに天神は、学問の神として広く信仰されるようになった。笠井昌昭「天神信仰の成立とその本質」（『日本の文化』ぺりかん社、1997年。初出1987年）、Robert Borgen *Sugawara no Michizane and the Early Heian Court*, University of Hawaii Press, 1994。

整理令を出したりして律令制の復興がめざされ、『延喜格』『延喜式』等の法典が編纂されたほか、六国史の最後である『日本三代実録』の編纂も行われた。その子の村上天皇は『新儀式』を編纂させ、和同開珎に始まる本朝（皇朝）十二銭の最後となった乾元大宝を発行した。両天皇の時代には、摂関が置かれずに親政が行われ、のちに「延喜・天暦の治」とたたえられるようになったが[3]、実際には、10世紀の前半は、その後の摂関政治の時代の政務や年中行事の規範がつくられ、また受領を通じた全国の支配の仕組みが整備された時期といえる。

摂関政治

　醍醐・村上両天皇の間の朱雀天皇の時代には、藤原忠平が初め摂政となって天慶の乱などに対応し、天皇の元服後には関白を務めた。969年（安和2）、醍醐天皇の子で左大臣の源高明が、娘婿の為平親王の擁立計画に荷担したとして左遷されると（安和の変）、藤原氏北家の勢力は不動のものとなり、その後は、ほとんど常に摂関が置かれ、これには忠平の子孫がつくのが例となった。

　摂関が引き続いて任命され、政権の最高の座にあった10世紀後半から11世紀頃の政治を摂関政治と呼び、摂関を出す家柄を摂関家という。摂関は藤原氏のなかで最高のポストにあるものとして、藤原氏の氏長者を兼ね、氏寺の興福寺や氏社の春日社、大学別曹（一族の子弟のための寄宿学校）の一つである勧学院などを管理し、任官や叙位の際には氏人の推薦権も持っていた。

　摂関家の内部では、藤原兼通・兼家の兄弟の争い、藤原道長・伊周の叔父・甥の争いのように、摂関の地位をめぐる争いが続いた。しかし、10世紀末に伊周が左遷され、道長が左大臣に進んで内覧（本来は臨時

3　両天皇の時代を「聖代」と呼ぶのは、人事が公平に行われた時代として、摂関家に不満を持つ文人貴族たちが理想化したのに始まるという（田島公「延喜・天暦の「聖代」観」（『岩波講座日本通史5　古代4』1995年）。後には後醍醐天皇のように親政そのものへの憧憬も生じた。

に置かれた事実上の関白）の地位を得ると、摂関家内部の争いはいったん収まった。道長は４人の娘を中宮や皇太子妃とし、30年にわたって朝廷で権勢を振るった。後一条・後朱雀・後冷泉３代の天皇は、みな道長の外孫である。道長の子の藤原頼通は、その３天皇の50年にわたって摂関を務め、摂関家の勢力は安定していた。

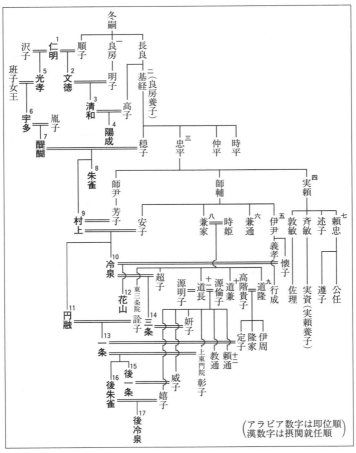

図７-２　天皇家と藤原氏との系図

　当時の貴族社会では、結婚した男女は妻の両親と同居するか、新居に住むのが一般的であり、夫は妻の父の庇護を受け、また子は母方の手で養育されるなど、母方の縁が強く作用した。摂関は、このような慣行・心性を背景に、天皇の外戚として大きな権力を握ったが、天皇と摂関とを結ぶ女性も母后として尊重され[4]、円融天皇との間に生まれた一条天皇に道長を推薦した藤原詮子（東三条院）のように、時として政治的に大きな役割を演じた。

官僚制の変貌

　摂関政治のもとでも、政務運営は、天皇が太政官を通じて在京諸司や国司を指揮する形をとった。太政官では公卿（大臣以下参議以上）の会議によって政策が審議され、重要な案件は天皇（もしくは摂政）の決裁を得て、太政官符や官宣旨（弁官下文）といった様式の文書で命令・伝達された。外交や国司の行政方針にかかわる重要な問題については、内裏の左近陣（陣座）で行われる陣定という公卿会議で、公卿ひとりひとりの意見が求められ、天皇の決裁の参考にされた。

　在京諸司の指揮命令系統も機能的に整理され、行幸やしばしば火災に遭う内裏の再建、臨時の法会などの大きな行事の際には、担当を割り当てられた公卿（行事上卿）と弁官（行事弁と行事史）とが事務局（行事所）を構成し、木工寮や掃部司などの現場を担う役所を直接指揮して事業を遂行する体制が採られるようになった。また検非違使や蔵人所、有力寺院などについては、公卿が分担して日常的に管轄する別当制も整えられた[5]。

　摂関は官吏の人事権を掌握していたため、中・下級の貴族たちは摂関家を頂点とする上級貴族に隷属するようになり、やがて昇進の順序や限度は、家柄や外戚関係によってほぼ決まってしまうようになった。その

4　服藤早苗『人物叢書　藤原彰子』（吉川弘文館、2019 年）。
5　佐藤全敏『平安時代の天皇と官僚制』（東京大学出版会、2008 年）。

ため中・下級の貴族のなかには、摂関家などにとり入って家司となり、経済的に有利な地位となっていた受領になることを求めるものがあらわれた。そのいっぽうで、技能や関係文書の独占を通じて特定の官職を世襲し、朝廷のなかでの地位や、職務に付随する領地を家領として確保するものもあらわれた。こうしたなかから陰陽道・暦道の賀茂氏や安倍氏（土御門家）、明法道の坂上氏や清原氏、典薬頭を世襲する丹波氏、弁官局の史の筆頭（官務）を世襲する小槻氏（壬生家）など、家が官司を請け負うような体制（官司請負制）が生じてきた[6]。

2. 国際関係と国風文化

国際関係の変化

中国では907年に唐が滅び、五代十国という小国の分立時代を迎えた。このうちの杭州を都とする呉越国からは日本に商人が来航し、江南の文化を伝えた。960年に建国した宋（北宋）は、979年に中国を統一した。朝鮮半島では918年に高麗がおこり、新羅末期の混乱を抑えて、936年に朝鮮半島を統一した。7世紀末に現在の中国東北部から沿海州にかけての一帯を領域として建国し、727（神亀4）年以来30回以上にわたって使節を日本に派遣してきた渤海も、926年に、内陸におこった契丹（遼）に滅ぼされてしまった。

こうした東アジアの動乱に巻き込まれたり、中国の王朝を頂点とする国際関係に入って朝貢を強いられることを避けるため、日本は宋や高麗と正式な国交を結ばなかった。しかし、宋・高麗の商人たちは交易のために頻繁に博多に来航したので、彼らを通じて、書籍や陶磁器などの工芸品、薬品などが輸入され、金・水銀・真珠や、火薬の原料となる硫黄などが輸出された。日本人の渡航は、もともと律によって禁止されていた。しかし、天台山や五台山への巡礼を目的とする僧には勅で許され

6　曽我良成「官務家成立の歴史的背景」（『王朝国家政務の研究』吉川弘文館、2012年。初出1983年）、佐藤進一『日本の中世国家』（岩波文庫、2020年。初刊1992年）。

ることがあったので、彼らは宋の商船を利用して日中間を往来した。10世紀末に、朝廷の支援を受けて統一直後の宋に渡って皇帝（太宗）に謁見し、現在、嵯峨の清涼寺に安置されている釈迦如来像や、一切経を持ち帰った奝然もその一人である。

国風文化

　9世紀後半から10世紀に入るころには、貴族社会を中心に、唐の文化を踏まえつつも、日本の風土や生活、日本人の感情に合う優雅で洗練された文化が生まれてきた。これを国風文化と呼びならわしている。

　9世紀には、漢字を変形して表音文字としたかな文字が生まれ、広く用いられるようになった。その結果、人々の感情や感覚を、日本語で生き生きと伝えることが容易になり、多くの文学作品が生まれた。まず、和歌が盛んになり、905年（延喜5）には、紀貫之らによって最初の勅撰和歌集である『古今和歌集』が編集された。かな物語では、伝説を題材にした『竹取物語』や、在原業平らしい人物を主人公にした歌物語の『伊勢物語』などに続いて、一条天皇の中宮彰子（道長の娘）に仕えた紫式部の『源氏物語』が生まれた。これは宮廷貴族の生涯を描いた大作で、同じく一条天皇の皇后定子（道長の兄である道隆の娘）に仕えた清少納言が、宮廷生活での体験を随筆風に綴った『枕草子』とともに、国文学史上最高の古典となっている。また道長の栄華をたたえた歴史物語『栄華物語』（本編）も、女性の手によってかなで書かれた。かなの日記は、紀貫之の『土佐日記』を嚆矢とするが、『蜻蛉日記』『更級日記』など女性の手になるものが多く、こまやかな心象風景が書き込まれている。こうしたかな文学の隆盛は、貴族たちが天皇の後宮に納れた娘たちの周りに、教養や才能のある女性を集めたことを背景としていた。

浄土信仰

　貴族社会では、密教の修法による加持祈禱を通じて現世利益を求めるため、天台・真言の2宗が大きな支持を保っていた。また怨霊や疫神を祭って疫病や飢饉等の災厄から逃れようとする御霊信仰も広まり、御霊会がしはしば催された。御霊会は、早良親王・橘逸勢等の政治的敗者を慰める行事として9世紀半ばに始まったが、やがて疫病の流行を防ぐ祭礼となった。北野天満宮や祇園社（八坂神社）の祭礼は、こういった御霊信仰に由来する。

　そのいっぽうで、現世の不安から逃れ、阿弥陀如来にすがって極楽浄土に往生することを願う浄土教も流行してきた。10世紀半ばに京の市で空也がこれを説き、ついで比叡山の源信（恵心僧都）が『往生要集』を著して念仏往生の教えを理論的に説くと、浄土教は貴賤に広く受け入れられるようになった。

　この信仰は、釈迦の歿後に、教（教え）・行（実践）・証（悟り）が残っている正法の世、教・行だけが残る像法の世を経て、教だけしか残っていない末法の世になるという末法思想によっていっそう強められた。当時、1052年（永承7）から末法の世に入るという最澄の説が信じられていたが、乱闘や盗賊が多く、災害・疫病が頻発した世情は、仏教の説く末法の世の姿によくあてはまるとされた。そこで救いを得ようとすがる阿弥陀如来の像や、それを納めるための阿弥陀堂が盛んにつくられた。宇治（京都府）に藤原頼通が建立させた平等院鳳凰堂（1053年に落成）は、その代表的な遺構である。その本尊の阿弥陀如来像をつくった仏師定朝は、従来の一木造にかわる寄木造[7]の技法を完成し、仏像の大量需要に応えた。

　往生しようとする人を仏が迎えに来る場面を描いた来迎図も盛んに描かれ、念願がかなって往生を遂げたと信じられた人々の伝記を集めた

7　一木造が一本の木から一体の仏像を彫りおこすのに対し、寄木造は仏像の身体をいくつかの部分に分けて別々に分担して彫り、これを寄せ合わせてつくる効率的な手法である。

往生伝も、慶滋保胤の『日本往生極楽記』をはじめとして多く編まれた。また、末法の中で法華経などの経典が消滅するのを防ぐために、これを書写して経筒に入れて地中に埋める経塚も、各地に営まれた[8]。

貴族の生活

　当時の貴族の住宅は、白木造・檜皮葺で開放的な寝殿造になり、そこに畳や円座を置いてすわる生活になった。建物内部は襖（障子）や屏風で仕切られ、これらには、中国の故事や風景を題材とした唐絵とともに、日本の風物をなだらかな線と上品な彩色で描いた大和絵も描かれた。前代の嵯峨天皇・空海・橘逸勢の三筆を代表とする唐風の書に対し、優美な線を表した和様が発達し、小野道風・藤原佐理・藤原行成の三跡と呼ばれる名手があらわれた。彼らの書は、美麗な草紙や大和絵屏風などにも書かれ、調度品や贈答品としても尊重された。

　10世紀に入る頃から、宮中での儀式・行事の比重が増大し、天皇をはじめ貴族たちは、その進行の次第を日記に詳細に記録するようになった。宇多・醍醐・村上の三天皇の日記は逸文が伝わるのみであり、藤原実資の『小右記』や藤原行成の『権記』は写本でのみ伝わっているが、藤原道長の『御堂関白記』は、自筆の部分が多く残っている。

　また、日記を材料にして儀式書が編まれるようになった。10世紀半ばの源高明の『西宮記』や村上天皇が編ませた『新儀式』、11世紀初めの藤原公任の『北山抄』や藤原行成の『新撰年中行事』、12世紀初めの大江匡房の『江家次第』が有名で、これらによってさまざまな儀式の次第やその変遷をうかがうことができる。

8　1007年（寛弘4）、藤原道長が法華経その他を金銅製の経筒に入れて埋納し、江戸時代に発掘された金峯山経塚が有名である。

3. 負名体制の成立

受領と負名

　10世紀の初めは、戸籍・計帳の制度が崩壊し[9]、班田収授も実施できなくなっていた。このため律令の規定に基づいて公出挙を運営し、租や調庸をとり立てることで諸国や中央の財政を維持することは困難となっていた。

　9世紀末〜10世紀初頭に誕生した受領は、荘園にならって国内を「名」という徴税単位に分け[10]、農業経営に秀でた有力農民（田堵）に名の田地（名田・名畠）の耕作を請け負わせ、租・調庸や公出挙の利稲の系譜を引き、原則として米で納める官物と、雑徭に由来し本来力役である臨時雑役を課すようになった。それぞれの名には、負名と呼ばれる請負人の名がつけられた。こうして、戸籍に記載された健康な壮年男性を中心に課税する律令制の原則は放棄され、土地を基礎に受領が負名から徴税する体制（負名体制）へと移行した。

　受領は、これまで税の徴収・京進や文書の作成などの実務を行ってきた郡司たちの人事権を掌握し、彼らを国衙のもとに再編成するとともに、自らが率いる郎等たちを強力に指揮しながら徴税を実現し、自らの収入を確保するいっぽうで、朝廷や貴族・大寺社の経済を支えた。受領たちの中には、巨利を得ようとする強欲な者もおり、10世紀末に「尾張国郡司百姓等解」の中で訴えられた藤原元命のように、郡司や有力農

9　902年（延喜2）の阿波国（徳島県）の戸籍では、5戸435人の内訳は、男59人・女376人となっていて、班田は受けるが調庸を負担しない女性を、亡くなった後も除籍しなかった痕跡が見て取れる。一方で、調庸を出す課丁の数がほとんど減っていないのは、一定量を確保しようとする朝廷の指示に国司が従っていたことによると考えられる。

10　「名」の初見は859年（貞観元）の元興寺領近江国依智荘検田帳で、公領での「名」の初見は932年（承平2）丹波国牒である。988年（永延2）の尾張国郡司百姓等解の第8条に「負名が死去して四、五十年」とあるので、930年代には公領に「負名」が置かれていたことが分かる。

民から暴政を訴えられる場合がしばしばあった。信濃守藤原陳忠が谷底に落ちたとき、そこに生えていた平茸を採るのを忘れず、「受領は倒るるところに土をもつかめ」といったという『今昔物語集』の話も、受領の強欲さを物語っている。

受領以外の国司（「任用」という）は、実務から排除されるようになり、赴任せずに国司としての収入のみを受け取る遙任が通例となった。また、私財を出して朝廷の儀式や内裏・寺社などの造営を請け負い、その報償として官職に任じてもらう成功や、同様にして収入の多い官職に再任してもらう重任が盛んになり、一種の利権とみなされるようになった受領には、成功や重任で任じられることが多くなった。

やがて11世紀後半になると、受領も交替のとき以外は任国に赴かなくなり、代わりに目代を留守所（受領が在京している時の国衙）に派遣し、国内の有力者が世襲的に任じられる在庁官人たちを指揮して国務を遂行させるようになった。

荘園の発達

10世紀後半になると、地方豪族や任地に土着した国司の子孫たちのなかに、国衙から臨時雑役などを免除されて一定の領域を開発する者があらわれ、11世紀に彼らは開発領主と呼ばれるようになった。

開発領主のなかには、所領にかかる官物などの税を逃れようとして、所領を貴族や大寺社に寄進して、これを領主とあおぐ荘園とし、自らを預所や下司などの荘官にしてもらう者もあらわれた。寄進を受けた荘園の領主は領家と呼ばれ、この荘園がさらに上級の貴族や有力な皇族・女院等に再度寄進されたとき、上級の領主は本家と呼ばれた。こうしてできた荘園を寄進地系荘園と呼ぶ[11]。寄進地系荘園では、領主の権威を背景にして太政官符や民部省符の交付を受け、官物や臨時雑役

11　領家・本家のうち、実質的な支配権を持つものを本所といった。また畿内およびその近辺では、寺社が農民から寄進を受けたり購入したりして成立させた小規模の寺社領荘園が多数生まれた。

を免除（不輸）してもらうことが多くなり（官省符荘）、また、受領によってその任期中（通常は4年）に限り不輸が認められた荘園（国免荘）も生まれた。やがて、荘園内での開発が進むと、不輸の範囲や対象をめぐる荘園領主と国衙との対立が激しくなってきたため、荘園領主の権威を利用して、検田使[12]など国衙の使者の立ち入りを認めない不入の特権を得る荘園も多くなっていった。その結果、11世紀半ばになると、受領から中央に送られる税収が減少していった。受領は荘園の整理を申し立て、また朝廷・貴族の方でも、受領を経由する正規の収入を確保しようとする動きが生じ、しばしば荘園整理令が出されたが、あまり効果を生まなかった。こうして律令制で定められた封戸などの収入が不安定になってきた天皇家・摂関家や大寺社は、積極的に寄進を受け、荘園の拡大をはかるようになった。

4. 武士団の成長

武士の出現

　9世紀末から10世紀にかけて地方政治が大きく変化していくなか、地方豪族や任地に土着した国司の子孫たちは、勢力を維持・拡大するために武装するようになり、各地で紛争が発生した。その鎮圧のために朝廷から押領使や追捕使[13]に任じられた中・下級貴族のなかからも、そのまま在庁官人等になって現地に残り、土着した国司の子孫たちと同様に、有力な武士（兵）となっていくものがあらわれた。彼らは、家子などの一族や郎等（郎党・郎従）などの従者を率いて、互いに闘争を繰り返し、時には国司にも反抗した。やがてこれらの武士たちは、連合体をつくるようになり、特に辺境の地方では、任期終了後も任地に残った国司の子孫などを中心に、大きな武士団が成長し始めた。なかでも東国（関東地方）では、良馬を産したため、機動力のある武士団の成長が

12　耕作状況を調査し、官物や臨時雑役の負担量を定めるために派遣される使者。

13　押領使・追捕使はともに、元来は盗賊の追捕や内乱の鎮圧のために臨時に任命されて朝廷から派遣されるものであったが、次第に諸国に常置されるようになった。

著しかった。

　東国に早くから根付いた桓武平氏のうち、平将門は下総国猿島郡・豊田郡あたり（茨城県坂東市等）を根拠地に一族内部で争いを繰り返すうちに国司とも対立するようになり、939年（天慶2）に反乱をおこした（平将門の乱）。将門は常陸・下野・上野の国府を陥落させ、東国の大半を占領して新皇と自称したが、940年、同じ東国の武士の常陸大掾平貞盛・下野国押領使藤原秀郷らに討たれた。

　いっぽう、もと伊予の国司であった藤原純友も、瀬戸内海の海賊を率いて反乱をおこし（藤原純友の乱）、伊予の国府や周防の鋳銭司を襲い、その後、大宰府を攻め落としたが、やがて追捕使小野好古や清和源氏の祖である源経基らに討たれた（941年、天慶4）。将門と純友の起こした東西の反乱を、まとめて「天慶の乱」と呼ぶ。

　武士の実力を知った朝廷や貴族たちは、彼らを侍として奉仕させ、9世紀末に設けられた滝口の武者に任用して宮中の警備に当たらせたり、貴族の身辺警護や都の治安維持を命じたりした。なかでも摂津国に土着していた源満仲（経基の子）は、安和の変を密告したことをきっかけに摂関家との関係を強め、その子の頼光・頼親・頼信の兄弟は、藤原兼家やその子道長らに近づいてその保護を受け、諸国の受領を歴任して勢威を高め、財力を蓄えた[14]。いっぽう、諸国でも、受領の家子・郎等からなる直属の館侍のほかに、現地の武士を国侍として組織することで国衙の軍事力を高め、治安の悪化に備えた。

源氏の勢力伸長

　11世紀には、開発領主たちは私領の拡大と保護を求めて荘園として寄進する傍ら、土着した受領の子孫などに従属してその郎等となったり、在庁官人になったりして自らの勢力を伸ばし、地方の武士団として

14　元木泰雄『源満仲・頼光　殺生放逸　朝家の守護』（ミネルヴァ書房、2004年）、同『河内源氏』（中公新書、2011年）。

成長していった。彼らはやがて清和源氏や桓武平氏を棟梁と仰ぐようになり、その結果、源・平両氏は、地方武士団を広く組織した武家（軍事貴族）を形成して、大きな勢力を築くようになった。

　1019年（寛仁3）、九州北部に刀伊（女真族のこと。高麗で「東夷」と呼んだことにちなむか）が来襲した際には、たまたま在任していた大宰権帥の藤原隆家（伊周の弟）の指揮のもと、大宰府や筑前国等の在庁官人など、現地の武士たちがこれを撃退した。このことは、当時の九州にも武士団が生まれつつあったことを示している。

　1028年（長元元）、上総で平忠常の乱がおこると、源頼信は房総半島に広がった乱をその勢威で鎮圧し、源氏の東国進出のきっかけをつくった。その後、陸奥で「俘囚（服属した蝦夷）の長」を自称する安倍氏が勢力を強めて国司と争ったため、源頼信の子頼義は陸奥守に任じられて現地に下り、子の義家とともに東国の武士を率いて安倍氏と戦い、出羽の豪族清原氏の助けを得てこれを滅ぼした（前九年合戦。1051〜62年）。その後、陸奥・出羽両国に大きな勢力を築いた清原氏の内紛に、陸奥守になっていた義家が私的に介入し、藤原（清原）清衡を助けて内紛を収めた（後三年合戦。1083〜87年）。こののち奥羽地方では、清衡の子孫（奥州藤原氏）が平泉を拠点として勢力を強めたが、いっぽうでこれらの戦いを通じて源氏は東国の武士団との主従関係を強め、武家の棟梁としての地位を固めていった。

コラム　上からと下からと

　日本列島内部の社会が古代から徐々に中世へと変容していく動因については、さまざまな考え方がある。特に9世紀以降、律令国家体制が崩れていき、中世的な支配体制へと変化していく過程では、かつて以下のような説明が有力だった[15]。すなわち、公民層が階層分解し、そのなかから生まれた富豪層が国郡制の秩序を破壊していった。これに対して国家は支配体

15　戸田芳実（『日本領主制成立史の研究』岩波書店、1967年）、坂本賞三『日本王朝国家体制論』（東京大学出版会、1972年）など。

制を組み替え、摂関家などの上層貴族が中下層貴族を受領に任じ、彼らを
駆使することで諸国支配を安定化させた。これに対して階層的には富豪層
の後裔（こうえい）に当たる開発領主たちは、自らの権益を守り、あるいは拡大するた
めに武装しつつ反国衙闘争を繰り広げるとともに、開発地を国衙の圧迫か
ら守るために中央の権門に寄進し、自らは従来からの現地支配を継続して
いった。国衙（受領）は開発領主たちのこうした行為に歯止めをかけよう
と荘園整理を申請し、これに反発する荘園領主（権門）との間で妥協が成
立して荘園公領の枠組みが決まっていった。おおよそ以上のようなストー
リーで語られる推移は、基本的に下からの動きをいかに上から押さえ込み
つつ次の段階へと移行するか、という展開になる。こうしたストーリーの
なかでは、武士団の叢生は開発領主たちの自衛闘争のなかから説明される
ことになる。

　しかし、武士というのは元来職能戦士であって、名の知れた武士はすべ
て中央貴族の末裔であり、有力農民が自衛のために武装して戦士となるよ
うな例はまず見当たらない[16]。また、開発領主が寄進した後にも現地の支
配権を持ち続けたというのは史料的に確かめられず[17]、そもそも大規模な
荘園は、たとえ寄進が契機となっても立荘の際に中央の権門（有力貴
族や大寺社）の方が主体的に広大な土地を占有して成立するものであ
り[18]、所有権は荘園領主に帰属することは間違いなく[19]、そうした意味で
は開発領主側に特定の権益が保障されるものではない。

　こうした事実が明らかになるにつれて、中世的な支配体制を作り出して
いったのは、むしろ中央の貴族（院宮王臣家）や大寺社などの権門の方な
のではないかという見方が有力になりつつある[20]。簡単にいえば、桓武以
降の諸天皇が設けた膨大な子女や後宮、そしてその後裔たちへの勅旨田な
どの国家的給付と身分的保証、臣籍降下はしたものの比較的高い位階を得

16　高橋昌明『清盛以前―伊勢平氏の興隆』（平凡社、1984 年）、同『武士の成立　武
　　士像の創出』（東京大学出版会、1999 年）、入間田宣夫「守護・地頭と領主制」
　　（歴史学研究会・日本史研究会編『講座日本歴史 3　中世 1』東京大学出版会、1984
　　年）、元木泰雄『武士の成立』（吉川弘文館、1994 年）など。
17　石井進「荘園寄進文書の史料批判をめぐって―『鹿子木荘事書』の成立」（『石
　　井進著作集　7』岩波書店、2005 年。初出 1970 年）。
18　川端新『荘園制成立史の研究』（思文閣出版、2000 年）。
19　西谷正浩『日本中世の所有構造』（塙書房、2006 年）。
20　吉川真司「院宮王臣家」（『律令体制史研究』岩波書店、2022 年）。

ている源姓や平姓を持つ者たちの国司への任用、土着した彼らの子孫たちの戦士化・在庁官人化・開発領主化（農業の専門家としてではなく、軍事力と国衙の職権を背景にした利権の取りまとめ役として）、彼らのネットワークの結節点となった清和源氏と、これを利用する摂関家との相互依存関係、大まかにいえば以上のようなストーリーが描かれるだろう。この展開のなかには、上に迎合する者たちはいても（たとえば院宮王臣家と富豪層との関係）、上に対する抵抗のなかから次の段階を導き出す動きは乏しいとみることになる。

　荘園といい公領といっても、どちらにせよ諸国の富を中央の権門に吸い寄せるためのルートの選択に過ぎず、いかにして効率的に権門に富を集め、この過程に関与するものに地位と利権とを相応に分配していくか、これが列島外からの圧力をほとんど感じることなく、手本とするものもなしに進展していった列島内の支配体制の再構築過程であり、中世国家への脱皮過程であった、といえようか。

参考文献 ▍

土田直鎮『日本の歴史5　王朝の貴族』（中公文庫、改版 2004 年。初刊 1965 年）

大津透『日本の歴史6　道長と宮廷社会』（講談社学術文庫、2009 年。初刊 2001 年）

佐々木恵介『天皇の歴史3　天皇と摂政・関白』（講談社学術文庫、2018 年。初刊 2011 年）

坂上康俊『日本古代の歴史5　摂関政治と地方社会』（吉川弘文館、2015 年）

佐々木恵介『日本史リブレット 12　受領と地方社会』（山川出版社、2004 年）

川尻秋生『戦争の日本史4　平将門の乱』（吉川弘文館、2004 年）

下向井龍彦『純友追討記』（吉川弘文館、2011 年）

研究課題

○摂政・関白はなぜ常置されるようになったのだろうか、考えてみよう。

○中世的な支配体制が出来上がっていく際に武士が果たした役割はどういうものだといえるのか、考えてみよう。

○10、11 世紀の負担体系のあり方と比較して、律令体制のそれにはどのような特徴があるといえるか、考えてみよう。

8 │ 院政の時代

近藤成一

《目標＆ポイント》 11世紀末以降、上皇が政治を主導する院政が行われるようになった。また院政のもとで上皇や女院に富が集中し、それによって御願寺を中心とする文化が花開いた。院政はこの時代に限られるものではなく、この後長く朝廷の政治のかたちとして継承されていくが、それがどのようにして形成され、どのような構造に固まっていくかを考える。また武士、なかんづく平氏の台頭にも目を配る。

《キーワード》 院政、治天の君、女院、御願寺、四円寺、六勝寺、円派、院派、慶派、平泉、保元の乱、平治の乱、法住寺殿、最勝光院

1．譲位と院政

後三条天皇と白河院政

1068年（治暦4）に始まる後三条天皇の治世は、翌年（延久元）に荘園整理令が出され、1072年（延久4）には宣旨枡や估価法が定められたことなどにより、後世から先例とされ、新しい時代の始まりと回顧されるようになった。

後三条天皇は1072年白河天皇に譲位し、譲位と同日に白河の異母弟にあたる実仁親王を皇太子に立てた。後三条は翌年亡くなり、実仁も1085年（応徳2）に亡くなると、翌年、白河は自分の皇子を皇太子に立て、その日のうちに譲位した。実仁の同母弟輔仁を皇太子に推す声を抑えるためであった。新帝は堀河天皇である。1103年（康和5）に堀

河の皇子が生まれると、ただちに皇太子に立てられ、1107 年（嘉承 2）に堀河が亡くなると、白河の孫にあたる皇太子が即位した。鳥羽天皇である。

1113 年（永久元）に鳥羽天皇暗殺計画が摘発され、計画の張本人が輔仁の護持僧であるとされたことから、輔仁の事件への関与が疑われた。輔仁自身は無実を主張したし、処罰されることもなかったが、皇位を継承する可能性は断たれた。これにより白河の子孫に皇位が継承されることが確定した。

白河が譲位したのは、父後三条が定めた実仁に皇位を継承させる計画を変更するためであった。実仁が亡

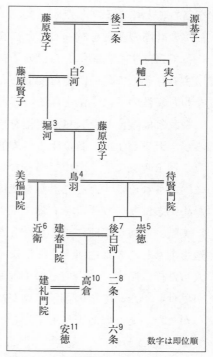

図 8 - 1　　天皇系図

くなった後も、輔仁をその後継とする計画が維持されているのに対して、それを変更して自己の子孫に皇位を継承させようとしたのである。後三条以前の皇位継承は外戚として摂政・関白の職にある藤原氏（道長以後はその子孫に限定された）により決められていたが、後三条以降は、天皇が自己の子孫に継承させたいという意志を持ち、その意志が皇位の行方を強く規定するようになった。

ただし父なる天皇と子たる天皇の利害は必ずしも一致しない。父は子孫の絶える危険に備えて複数の子に皇位を譲ろうとする。しかし子の側では、兄弟が皇位を継ぐことは、自分の子孫に皇位の伝わらない可能性

を生むことになる。したがって、子たる天皇は父なる天皇の定めた皇位継承の計画の変更を試みることになる。そのためにタイミングをみはからって譲位する。譲位を自己の子孫に皇位を伝えるための手段として利用する。そして父の計画を変更した子もまた父のやり方を繰り返す。すなわち複数の子に皇位を譲るのである。

院政（いんせい）とは譲位した天皇が実権を握り続けることをいうと理解されているが、天皇が生前に譲位する根本的理由は、自己の子孫が皇位を継承することを確実にするためであった。場合によっては、自己の兄弟の子孫に継承されるはずだった計画を変更しなければならなかったから、そのために譲位という手段を有効に用いたのである。

実際、白河が堀河に譲位したとき、堀河は 8 歳であったけれども、朝廷を主宰したのは白河上皇ではなく摂政藤原師実（もろざね）であったし、堀河が成人した後は師実、ついでその子師通（もろみち）が関白として堀河を補佐した。師通が早世したため、その嗣子忠実（ただざね）が補せられるまで数年間、関白は置かれなかった。また堀河天皇も早世して皇位を継承した鳥羽天皇がまだ 5 歳であったことから、鳥羽の祖父にあたる白河法皇（1096 年（嘉保（かほう）3）出家）が政務を主導するようになっていった。

白河は父後三条の皇位継承計画を変更して自己の皇位継承計画を実現するために譲位を利用したが、実はそのやり方は後三条が始めたものだった。後三条も白河の次に実仁に皇位を継がせるという計画を実現するために、まずは白河に譲位し、その同じ日に実仁を皇太子としたのである。後三条は譲位の翌年に亡くなってしまったために、譲位後の政務関与については顕著でないが、白河法皇が院政を始めた原型は後三条上皇にあるといってよい。

鳥羽院政と保元の乱

　鳥羽天皇は 1123 年（保安 4 ）に
崇徳天皇に譲位した。その 6 年後に
白河法皇が亡くなったので、すでに
定着していた院政を鳥羽上皇が引き
継いだ。鳥羽上皇は崇徳天皇から近
衛天皇に譲位させ、近衛が早世した
後は、崇徳の同母弟にあたる後白河
を天皇に立てて、崇徳の子孫に皇位
を伝えようとしなかった。そのこと
が崇徳の不満を招いた。

　摂関家においても、忠実の嗣子忠
通に男子がなかなか生まれなかった
ことから、忠実は忠通の弟の頼長を
忠通の養子とさせたが、その後忠通
に実子基実が誕生すると、忠通は基
実を後継としたので、頼長はそれに
不満を持つことになった。

　1156 年（保元元）7 月に鳥羽法
皇が亡くなると、崇徳上皇と後白河
天皇、藤原忠実・頼長父子と同忠通

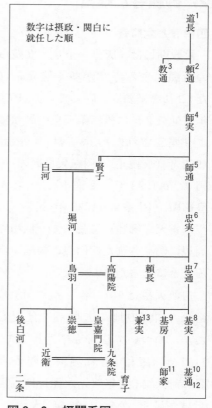

図 8 - 2　摂関系図

との対立が表面化し、後白河・忠通は平 清盛・ 源 義朝・源頼政らの
武士を招集し、いっぽうで崇徳・頼長は義朝の父為義、清盛の叔父忠正
らを味方につけ、両者の合戦となった。これを保元の乱という。合戦は
後白河方の勝利に帰し、負けた側の頼長は流れ矢に当たって落命し、崇
徳上皇は讃岐に流され、為義・忠正らは処刑された。

2. 御願寺と離宮

四円寺と六勝寺

　院政期には、天皇・上皇・女院ら
の祈願による寺院が多く建立され
た。これを御願寺と呼んでいる。1070
年（延久2）に後三条天皇の御願に
より建立された円宗寺は、円融寺
（983年（永観元）、円融天皇御願）・
円教寺（998年（長徳4）、一条天
皇御願）・円乗寺（1055年（天喜3）、
後朱雀天皇御願）に続いて、仁和寺
周辺に建立された四円寺の掉尾を飾
ることになった。

　白河天皇は1077年（承暦元）に
洛東・白河の地に法勝寺を建立し
たが、つづいて法勝寺に近接して、
1102年（康和4）に堀河天皇が尊
勝寺を、1118年（元永元）に鳥羽
天皇が最勝寺を、1128年（大治3）
に待賢門院が円勝寺を、1139年
（保延5）に崇徳天皇が成勝寺を、

図8-3　仁和寺・四円寺・法金剛
　　　　院・蓮花心院

1149年（久安5）に近衛天皇が延勝寺を建立した。これら6つの
「勝」の字を寺号に含む御願寺は後に六勝寺と称されることになる。

　白河の地は、平安京の東、鴨川を渡った先であるが、平安京の道が延
長され、条坊に類似した地割が施された。白河にはまた、上皇が滞在す

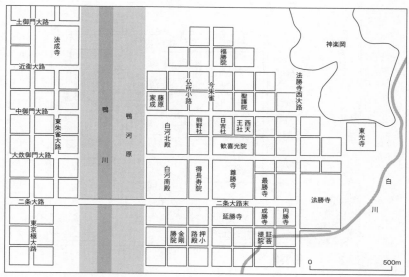

図 8-4　白河と六勝寺

る御所として白河泉殿（南殿）や白河北殿が造営された。これらの御所に付属してそれぞれ蓮華蔵院・法荘厳院という寺院も建立された。ただしこれらの御所は上皇が法会に臨幸したり、寺院の造営を監督したりする際に滞在するのに用いられ、政務は別に京内の御所で行われた。

　円宗寺では法華会・最勝会が修され、法勝寺では大乗会が修されたが、この三つをあわせて「北京三会」と称し、従来の「南京三会」（宮中の御斎会・興福寺の維摩会・薬師寺の最勝会）に加えて、僧侶が僧綱（僧正・僧都・律師）に昇進するための階梯に位置付けられた。

　四円寺、六勝寺以外にも、仁和寺の近辺には待賢門院の御願により法金剛院が、尊勝寺の北側には美福門院の御願により歓喜光院が建立された。

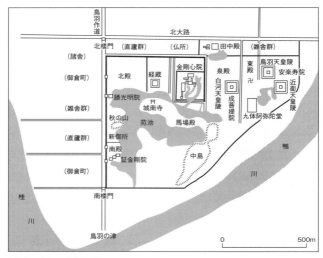

図8-5　鳥羽殿

鳥羽殿の造営

　洛南の鳥羽にも離宮が造営され、平安京の朱雀大路を南に延長して鳥羽に至る道が「鳥羽作道」と呼ばれた。鳥羽作道沿いの東に南殿・北殿が造営され、北殿の東に泉殿が、泉殿のさらに東に東殿が、そして泉殿の北に田中殿が造営された。

　白河上皇は、南殿の南辺に証金剛院を、泉殿の近辺に三重塔を造立したが、この三重塔には白河の遺骨が納められ墳墓堂とされた。また三重塔のすぐ南に三条西殿の西対が移築されて九体阿弥陀堂とされ、三重塔と九体阿弥陀堂があわせて成菩提院と命名された。

　鳥羽上皇は東殿に安楽寿院、北殿に勝光明院を建立した。勝光明院の阿弥陀堂は平等院鳳凰堂を模したもので、前池に東面し、夕日を背景として池の東岸から拝することで浄土の情景を想像する趣向であっ

た。勝光明院にはまた宝蔵が設けられ、上皇の収集した聖教・典籍・道具書法・弓剣・管弦などの重宝が収納された。

追善仏事の道場

御願寺は願主の追善仏事の道場に用いられた。追善仏事としては法華八講が行われることが多かった。法華八講とは『法華経』全8巻について1巻ずつの講経を朝夕2座ずつ行うもので、故人の命日を結願日として修されるのがふつうであった。白河天皇追善法華八講は法勝寺、堀河天皇追善法華八講は尊勝寺、鳥羽天皇追善法華八講は最勝寺と安楽寿院、待賢門院追善法華八講は法金剛院、美福門院法華八講は歓喜光院をそれぞれ道場として修された。

仏師の活躍

仏寺には仏像が必須である。御願寺のための造仏を担ったのが定朝の後継者たちであった。定朝の弟子に長勢と覚助がいたが、長勢の弟子に兼慶と円勢、円勢の弟子に長円と賢円、長円の弟子に長俊・円信、賢円の弟子に忠円・元円、忠円の弟子に明円がいた。弟子は実子である場合もある。長勢の後継者の名に「円」の字を用いる者が多いことから、この系統の仏師を「円派」と呼んでいる。

一方、覚助の弟子に院助と頼助がいたが、院助の弟子に院覚、院覚の弟子に院朝・院尊がいて、院助の後継者は名に「院」の字を用いる者が多いことから、この系統の仏師を「院派」と呼んでいる。

また頼助の後継者になる康助・康朝・成朝は奈良仏師と呼ばれるが、康助の弟子康慶の後継者は「慶派」と呼ばれ、この系統から運慶・快慶が出ることになる。

現存する遺品について、仁和寺北院の本尊であった薬師如来坐像が円

図8-6　仁和寺薬師如来坐像

図8-7　法金剛院阿弥陀如来坐像

図8-8　安楽寿院阿弥陀如来坐像

図8-9　北向山不動院半丈六
　　　　不動明王像

図8-10　大覚寺五大明王像

勢・長円の作、法金剛院西御堂の本尊であった阿弥陀如来坐像が院覚の
作、安楽寿院の本尊阿弥陀如来坐像が賢円または長円の作、北向山不動
院の本尊半丈六不動明王像が康助の作、大覚寺五大堂の本尊であった
五大明王像が明円の作と考えられている。

　院政期の仏像は前代の定朝が確立した様式を模範とした。鳥羽上皇発
願の勝光明院の造仏は賢円が担当したが、仏の鼻が短小であるとの指摘
があり、定朝の作品と比較するために、院覚が西院の故邦恒朝臣堂に派
遣された。定朝の作品が「仏の本様」であるといわれている[1]。

　仏師は仏所という工房を構え、造仏を受注し、御願寺の造仏の賞によ
り、法印・法眼・法橋という僧綱位に叙されるのを通例とした。定朝
が 1022 年（治安 2 ）に法成寺金堂の造仏の賞により法橋に叙され、1048
年（永承 3 ）に興福寺再興造仏の賞により法眼に叙されたのを先例と
する。定朝はまた清水寺別当に補されたが、1113 年（天永 4 ）には円
勢が、1129 年（大治 4 ）には長円が清水寺別当に補された。ただし清
水寺の本寺興福寺の大衆はこれに反発しており、1113 年には円勢に替
えて別人が別当に補されている。

財力の源泉

　御願寺を造営し、重宝を蒐集するのには財力が必要であるが、それを
支えたのが諸国の受領であった。彼らは上皇や女院に奉仕し、その近
臣となることにより、立身をはかった。法勝寺の造営は播磨守高階為
家の成功、鳥羽殿の造営は讃岐守高階泰仲の成功によっていた。

　また御願寺の維持や仏事の経費にあてるために荘園が設立されること
があった。待賢門院御願円勝寺領の遠江国質侶庄、同じく待賢門院御
願法金剛院領の越前国河和田庄・周防国玉祖社、美福門院御願歓喜光
院領の播磨国矢野庄・同国多紀庄などがその例である。

1　『長秋記』長承 3 年 6 月 4 日・10 日条。

3. 武者の世

平泉と奥州藤原氏

　清原清衡は前九年の役において源頼義により処刑された藤原経清と安倍頼時の娘との間の子であったが、父の死後、母が清原武貞に再嫁したため、武貞の養子として清原氏を称した。後三年の役に勝利して清原氏の所領を継承した清衡は、父の姓である藤原に復し、平泉に拠点を置いた。清衡の館の西北には中尊寺が建立され、大長寿院と号された二階大堂や堂内を金色で荘厳した金色堂が建てられた。

　清衡の死後、後継者争いが起きたが、それを制した基衡は毛越寺を建立した。境内に設けられた堂舎の寺号には、四円寺にちなんだ円隆寺や六勝寺にちなんだ嘉勝寺があり、清衡が京都から独自の動きをとったのに対して、基衡には京都を模倣しようとする傾向が認められる。

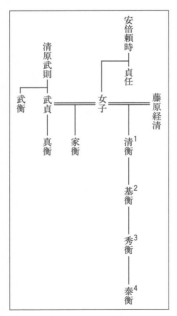

図8−11　奥州藤原氏系図

図8−12　平泉

　毛越寺の境内に基衡の妻が建立した観自在王院の南大門から伸びた南北路の東西には数十町に及んで倉町が造り並べられ、数十宇の高屋が建てられた。また観自在王院の西面の南北には数十宇の車宿が設けられた。

　基衡のあとは秀衡が継ぎ、秀衡のあとは泰衡が継いだ。泰衡のときに源頼朝に攻められ滅亡したが、それまで平泉を拠点として栄華を誇った清衡以来の四代を奥州藤原氏と呼んでいる。

源氏と東国

　後三年の役で勝利をおさめた源氏のその後は必ずしも順調ではなかった。義家の嫡子義親がその濫行のゆえに追討され、義親の子為義は義家の子として立身するけれども、義親を追討し、西国に勢力をひろげた平正盛が白河法皇に近侍したのに比べると、不遇であったからである。

　源氏はその分、東国に勢力をひろげた。義家の弟義光の子義業・義清・盛義がそれぞれ常陸佐竹氏、甲斐武田氏、信濃平賀氏の祖となり、義家の子義国の子義氏・義重がそれぞれ下野足利氏・上野新田氏の祖となった。

　また為義の子義朝は上総で成長したと思われるが、1143 年（康治 2）に下総の相馬御厨に介入して千葉氏の所領を奪い、1144 年（天養元）には相模の大庭御厨に乱入した。これらの事件を引き起こしながら、義朝は、千葉氏、三浦氏、大庭氏などの地方武士団を家人に組織していった。

　南関東に勢力を伸ばした義朝に対し、弟の義賢は北関東に下向し、上野国多胡庄を本拠としながら、武蔵の豪族秩父重隆の婿となり、武蔵国比企郡大蔵に館を構えた。1155 年（久寿 2）、義朝の子義平は大蔵館を攻め、義賢・重隆を討った。これを大蔵合戦と呼んでいる。

　翌年の保元の乱においては義朝は後白河・忠通の側につき、義朝の父為義と義朝の兄弟は崇徳・頼長の側について相戦ったが、義朝と為義にとっては大蔵合戦の延長戦の要素もあった。保元の乱を戦った武者は単に天皇家や摂関家の道具に使われたわけではなく、武者には武者の戦う理由があったのである。『愚管抄』には「保元元年七月二日、鳥羽院ウセサセ給テ後、日本国ノ乱逆と云コトハヲコリテ後ムサ（武者）ノ世ニナリニケルナリ」と記されている。

4. 後白河院政と平清盛

平治の乱

　保元の乱後の朝廷の実権を握ったのは藤原信西（通憲）であった。信西は後白河の乳母の夫として後白河を養育し、皇位につくのに尽力した。官位は低かったが出家することによりその壁を突破し、鳥羽法皇、ついで後白河天皇の側近として辣腕を振るった。しかし信西の権勢はそれに対する反発を招いた。また後白河は1158年（保元3）に二条に譲位して院政を開いたが、廷臣たちは後白河の院政を進めようとする者と二条の親政を進めようとする者に分かれた。また信西に厚遇された平清盛が勢力を伸ばしたが、清盛ほどの厚遇を得られなかった源義朝は、逆に不満を募らせた。

　後白河の近臣の一人である藤原信頼は、急速に出世したが、信西にそれを止められたことから宿意を抱き、1159年（平治元）、清盛が一門とともに熊野詣でに出かけた留守に、義朝を誘って挙兵し、後白河の身柄を拘束し、信西を殺害した。しかし廷臣たちは信頼を支持せず、熊野から戻った清盛を頼って事態の打開をはかった。二条天皇が内裏を脱出して、清盛の拠点六波羅に行幸し、関白藤原基実とその父忠通も六波羅に参入したことで、信頼・義朝は孤立した。義朝は六波羅を攻撃したが敗

退し、信頼は処刑された。義朝は東国に落ち延びる途上で家人の裏切りにあって討たれ、義朝の子頼朝は捕らえられて伊豆に流された。この事件を平治の乱という。

後白河院政と平清盛

　平治の乱後、後白河上皇と二条天皇が拮抗した。後白河は鴨川の東、八条坊門小路末の信西亭跡に信頼の中御門西洞院亭の建物を移築して、法住寺殿と号する御所を営み、その鎮守として新日吉社・新熊野社を建立した。法住寺殿の一画には蓮華王院も建立された。

　平治の乱を収束するのに大きな役割を果たして声望を得た平清盛は、後白河・二条の両方を立て慎重に行動した。清盛の妻平時子は二条天皇の乳母であったが、時子の異母妹滋子は後白河上皇の寵愛を得て皇子を産んだ。

　1165 年（永万元）、二条天皇が六条天皇に譲位して間もなく亡くなると、翌年、滋子所生の皇子が皇太子に立てられた。皇太子は天皇より 3 歳年長で天皇の叔父にあたった。滋子は従三位に叙された。後白河は法住寺殿に南殿を造営し、1167 年（仁安 2）

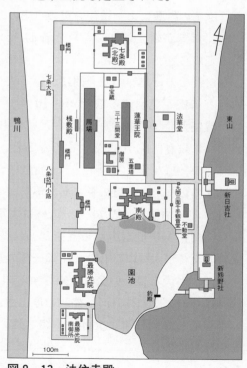

図 8 - 13　法住寺殿

正月の皇太子からの年始の挨拶を新造南殿において受けた。同じ日に皇太子の生母滋子に女御の身位が与えられた。

1168年（仁安3）、数えでは5歳だけれども満ではまだ3歳でしかない六条天皇が皇太子に譲位した。新帝は高倉天皇である。滋子は皇太后に立てられた。翌年、滋子は院号を与えられて建春門院となり、後白河は出家して法皇となった。滋子の御願により法住寺殿の東南の一角に御堂が建立され、寺号を最勝光院と定められた。

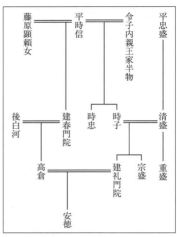

図 8-14　清盛と天皇との姻戚関係

高倉とその母建春門院を間において後白河と清盛が連携する政治が約10年つづいた。1172年（承安2）には、清盛と時子の娘徳子が高倉天皇の中宮に立てられた。1176年（安元2）に建春門が35歳で亡くなると、後白河と清盛の連携に綻びが生じたが、1178年（治承2）、中宮徳子が皇子を産むと、ただちに皇太子に立てられた。清盛の孫にあたる。

1179年（治承3）の11月、清盛は大軍を率いて京に入り、院政を停止し、関白を松殿基房から近衛基通に替え、院近臣の官職を解いた。受領の交替が大幅に行われ、平氏一門の知行する国、平氏の家人の知行する国、平氏と親しい公卿の知行する国をあわせると、17箇国から32箇国に増加した。後白河は院政を停止され、鳥羽殿に幽閉された。

年を越した1180年（治承4）の2月、高倉天皇は皇太子に譲位した。安徳天皇である。ここに清盛を外祖父とする天皇が登位するとともに、高倉が院政を行うことにより後白河の院政再開がとどめられたので、清

盛が朝廷を独裁することになった。しかし清盛と平氏一門による独裁政治はそれに対する反発をも引き起こすことになった。

参考文献

五味文彦『院政期社会の研究』（山川出版社、1984 年）
杉山信三『院家建築の研究』（吉川弘文館、1981 年）
根立研介『ほとけを造った人びと　止利仏師から運慶・快慶まで』（吉川弘文館、2013 年）
美川圭『院政　増補版』（中央公論新社（中公新書）、2021 年）

研究課題
○院政という政治形態がどのような事情で成立したか、調べてみよう。

9 ｜鎌倉幕府の成立と朝廷

近藤成一

《目標＆ポイント》 12世紀の末に鎌倉幕府が成立した。しかし京都の朝廷が滅亡したわけではない。鎌倉時代150年の政治の推移を、幕府と朝廷の拮抗する関係を軸に見る。鎌倉幕府の成立によって日本の国家構造がどのように変容したのかについて考える。

《キーワード》 鎌倉幕府、源頼朝、承久の乱、執権政治、北条泰時、両統迭立

1．12世紀末期の内乱と鎌倉幕府

治承・寿永の乱

　1180年（治承4）2月、安徳天皇に譲位した高倉上皇は、翌3月、平清盛の信仰する安芸厳島社に参詣した。清盛の強引な政治に対して、延暦寺・園城寺・興福寺を中心に反発する動きがひろがり、後白河の皇子以仁王は清盛打倒を計画した。以仁の計画は未然に露見したため、以仁は園城寺に匿われ、さらに興福寺に向かう途中で討たれた。しかし、以仁の籠る園城寺の攻撃を命じられた源頼政は逆に以仁に味方して園城寺に入り、以仁を南都に逃すために宇治川で追撃軍と戦って討死した。また以仁が園城寺に籠っている間に諸国の武士に送った檄文は反平氏の挙兵を促すことになった。

　以仁・頼政を制圧した直後の6月、清盛は、安徳天皇、高倉上皇、後白河法皇、摂政近衛基通等を福原に遷した。当面は離宮であるが、内裏・官司を造営する遷都が計画された。

平治の乱後、源義朝の子頼朝が流されていた伊豆国は源頼政の知 行国であったが、頼政が追討されたため清盛の妻の弟平時忠が新たな知行国主となり、平氏の家人平兼隆が目代に起用された。1180 年（治承 4）8 月、頼朝は兼隆を討って挙兵した。頼朝はいったん大庭景親に敗れて房総に逃れたが、千葉常胤らの帰順により勢力を盛り返し、鎌倉に入りここを拠点と定めた。平氏の主導する朝廷は頼朝を反逆者とみなして追討軍を派遣し、頼朝も迎撃のために出陣し、両軍は富士川をはさんで対峙したが、追討軍は戦闘を交えることなく撤退した。ここに、鎌倉を拠点とする頼朝の権力は、ひとまずの安定を確保した。これを鎌倉幕府の原型とみることができる。

　平清盛は反平氏勢力を掃討するため、12 月に南都を焼き討ちにしたが、翌年閏 2 月、病に倒れ亡くなった。

　頼朝と同じころに信濃で挙兵した木曾義仲は、1183 年（寿永 2）に入って北陸道諸国を支配下に収めた。義仲に対しても朝廷から追討軍が派遣されたが、義仲はこれを越 中・加賀国境の砺波山において破った。義仲はさらに京に向けて軍を進め、これに呼応して蜂起した諸勢力により京が包囲されたので、平氏は安徳天皇を伴って京を脱出して西海に落ち延びた。

　しかし平氏から逃れて京にとどまった後白河法皇は、安徳に替えて後鳥羽を新たな天皇に立てた。安徳も退位したわけではないので、これ以後 1 年半の間、2 人の天皇が並立することになった。この時期、京都は天候不順と内乱による貢物の途絶により飢饉に瀕していたので、後鳥羽を戴く朝廷は、貢物確保のために、東海・東山両道に対する頼朝の支配権を承認した。安徳の朝廷に対する反逆者として出発した頼朝の権力は、後鳥羽の朝廷により公認されることになり、ここから 150 年間にわたる朝幕関係が始まった。

　京を脱出した平氏は大宰府を拠点とすることには失敗したが、備中水島で義仲を破った後、讃岐の屋島に落ち着き、長門の彦島をもおさえて瀬戸内海を制した。頼朝、義仲および平氏により天下は3分される形勢となり、後白河はこの3者を競わせ牽制することにより、政治の主導権を握ろうとした。京にいる義仲がまず後白河とぶつかり、義仲は法住寺殿を焼き討ちし、後白河を近衛基通の五条東洞院亭に幽閉した。しかしそのことによって、頼朝は義仲追討の名目を獲得し、弟の範頼・義経を派遣した。翌1184年のはじめに範頼・義経は入京し、義仲は敗死した。

　その頃、平氏は福原まで奪還していたが、範頼・義経が東西から福原を攻めた。義経の攻め口の名により一の谷の戦いと呼ばれている。平氏は屋島に撤退した。それから約1年、平氏は持ちこたえたが、1185年（元暦2）2月に義経が屋島を急襲して落とした。平氏は長門まで敗走したが、義経の追撃を受け、3月24日、壇ノ浦において安徳天皇もろともに滅亡した。

征夷大将軍

　平氏滅亡後、頼朝と義経が対立し、義経は朝廷に迫って頼朝追討命令を出させたが、義経に味方する武士は少なく、没落して行方をくらました。義経と対決するために出陣した頼朝は義経没落の報に接して鎌倉に戻ったが、頼朝の妻の父である北条時政らは入京し、時政は翌年3月まで在京した。

　頼朝は政治の刷新を求め、九条兼実を摂政に推し、吉田経房を朝廷側の窓口に指名した。朝幕折衝にあたるこの窓口の役がのちに関東申次と呼ばれることになる。

　また義経を捜索するために諸国の地頭の職を頼朝が管理する意志を表

明した。地頭の職とは現地の職という意味で、荘園であれば下司、国衙領であれば郡司・郷司などの職を指す。下司職・郡郷司職の任免権は本来、本所・国司に帰属したはずであるが、頼朝が任免権を掌握するとそれらは地頭職と呼ばれることになった。頼朝が地頭職の任免権を掌握したことに対する本所側の反発は強く、その後の折衝により翌1186年（文治2）中に、地頭の設置を平家没官領・謀叛人所帯跡に限定することで、ほぼ落ち着いた。

　没落した義経は奥州平泉の藤原秀衡を頼ったので、これがまた頼朝に奥州征討の名目を与えることになった。1189年（文治5）秀衡の嗣子泰衡は義経を討ち、その首を頼朝に届けたが、頼朝は泰衡征討の方針を変えず、自ら大軍を率いて平泉を攻め、奥州藤原氏を滅ぼした。頼朝に従った大軍は全国動員によるものであり、奥州合戦は頼朝の全国支配の達成をかたちで示すものであった。

　翌1190年（建久元）の冬、頼朝は平治の乱以来30年ぶりに上洛し、後白河法皇、後鳥羽天皇に拝謁、摂政九条兼実と会談した。朝廷は頼朝を権大納言・右近衛大将に任じたが、頼朝は両官を辞して鎌倉に帰った。しかし朝廷は、朝廷を守護する武門の役割を頼朝に期待し、1191年3月制定の新制にその旨を盛り込んだ。

　内裏の諸門を警固する大番役は、これまで諸国の武士が国単位に番を

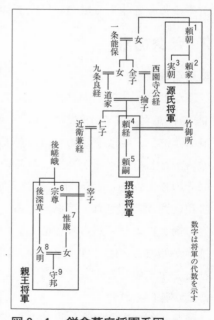

図9-1　鎌倉幕府将軍系図

組んで勤めてきたが、頼朝はこれを自らの家人の役として、大番役を勤める武士を家人に編成した。大番役を勤める頼朝の家人は「御家人」と呼ばれるようになる。しかし頼朝の家人となることを選ばない武士も存在したので、御家人と非御家人の別が生じることになった。

　頼朝は諸国の武士を統率する地位の象徴として「将軍」の称号を欲したが、1192年（建久3）に後白河法皇が亡くなると、頼朝との連携をはかる九条兼実の主導する朝廷は、頼朝を征夷大将軍に補した。ただし頼朝はその後この職を辞したようであるし、頼朝の後を継いだ頼家もすぐにはこの職に補されていない。1203年（建仁3）に頼家を廃して弟の実朝を擁立するのに、朝廷から征夷大将軍に補してもらうという手続きをとったことから、征夷大将軍に補されることが幕府の首長に就任することを意味する慣例が形成されていった。

2．承久の乱

後鳥羽院政

　朝廷においては、1198年（建久9）、後鳥羽天皇が19歳で土御門天皇に譲位し、院政を始めた。後鳥羽の帝王としての本領が発揮されるのはその後である。1201年（建仁元）に和歌所が設置されて藤原定家ら6人の撰者により『新古今和歌集』の撰集が始まり、1204年（元久元）にひとまず完成したが、その後も改訂作業が続けられた。

　後鳥羽は、1200年（正治2）に

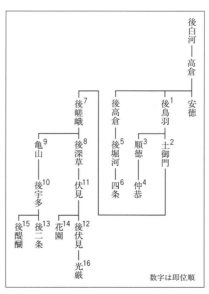

図9-2　鎌倉時代の皇統

土御門の弟を皇太子に立て、1210 年（承元 4）に譲位させた。新帝は順徳天皇である。これにより土御門はまだ 16 歳であったにもかかわらず、これから生まれてくる皇子に皇位を伝える望みを絶たれ、また院政を行う資格も失った。順徳天皇の中宮には九条兼実の子息良経の娘が立てられた。1221 年（承久 3）4 月、順徳は中宮所生の皇子に譲位した。新帝は仲恭天皇である。仲恭の叔父に当たる九条道家が摂政に就任した。摂関家出身の中宮の産んだ皇子が天皇になり、中宮の父ないし兄弟が摂関を務めるという摂関政治の理想がここに再現した。

幕府の動揺

　いっぽう、関東では、頼朝の死後、梶原景時、畠山重忠、和田義盛ら幕府創業の重臣が次々に滅亡した。3 代将軍実朝も 1219 年（建保 7）に暗殺され、九条道家の子息頼経が、頼朝の妹の血を引くことから、実朝の後嗣として鎌倉に招かれた。政変の相次

図 9-3　関東下知状（元久 2 年（1205）2 月 22 日、中条家文書。北条時政が署判を加えている）

ぐなかで、頼朝の妻政子を出した北条氏が台頭し、幕府の公文書として北条時政やその嗣子義時の署判による下知状が用いられるようになった。下知状に署判を加える地位がやがて執権と呼ばれることになる。

承久の乱

　実朝が暗殺されたことで、実朝を守り切れなかった幕府に対する不信感を後鳥羽は抱いた。朝廷からみれば、幕府は諸国の守護人、荘園・国

衙領の地頭を統率する体制である。将軍が守護人・地頭を統率できないのであれば、治天の君である自分が直接統率すればよいと後鳥羽は考えた。1221年（承久3）5月15日に後鳥羽の意を受けて出された宣旨は、五畿七道諸国荘園の守護人・地頭に、北条義時を追討するとともに、院庁に参上し、その指揮に従うことを命じるものであった。義時は追討するけれども、幕府は倒すのではなく、その支配体制を後鳥羽の監督下に置くことが意図されていた。京都守護の一人である大江親広や三浦胤義、佐々木経高などの在京の有力御家人は後鳥羽に従った。しかし親広の父広元、胤義の兄義村を初めとして鎌倉の重臣たちは政子・義時と結束して主戦論をとり、義時の子泰時と弟時房を大将とする軍勢を上洛させた。泰時・時房の率いる軍勢は後鳥羽方の軍勢を破り、6月15日に入洛した。後鳥羽は泰時・時房の陣に使節を送り、義時追討の宣旨を撤回し、以後幕府の指示に従うことを伝えた。

3．執権政治

御成敗式目

　承久の乱により上洛した泰時と時房は、平家以来の武門の地である六波羅に入り、その後3年間、ここを拠点として戦後処理にあたった。泰時・時房が鎌倉に戻った後も北条一門の者が一人ないし二人ここに常駐し、後には裁判権を行使するようになったので、その職を六波羅探題と呼んでいる。

　義時追討の宣旨が撤回された時点で官軍と賊軍はその立場を替えたので、それまで後鳥羽に従っていた者の所領は謀叛人所帯跡として地頭設置の対象となった。このとき新たに大量に設置された地頭を新補地頭といい、従来からの地頭を本補地頭というのと区別する。1223年（貞応2）には、地頭得分に関して先例が明らかでない場合に適用する率法が

宣旨によって定められた。これを「新補率法」と呼んでいる。

　1224年（貞応3）6月、執権義時が急死し、六波羅から泰時が戻って後任に就いた。時房は六波羅にとどまったが、1年後に大江広元、北条政子が相次いで亡くなったため、泰時は時房を補佐役に招いた。執権の職務は下知状に署名して発給することであるが、時房の職務は執権泰時と並んで署名することであったので、その役職は連署と呼ばれるようになった。

　1225年（嘉禄元）12月、8歳になった九条頼経が元服し、翌年正月、朝廷より征夷大将軍に補せられた。頼経の元服にあたり新御所が造営され、評定が始められるとともに、遠江以下15か国の御家

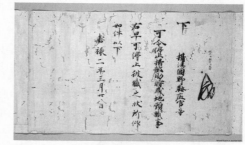

図9-4　九条頼経袖判下文

人により御所の諸門が警固される鎌倉大番の制が設けられた。内裏を警固する京都大番に対応して、幕府の首長の体面を整えるものであった。

　頼経が元服し征夷大将軍に就任したことにより、頼経自身が花押を据える下文が発給されることになったが、本来は下文の代用であったはずの下知状も併用され、下文と下知状の使い分けが、将軍と執権の権限分割を示すことになった。これ以後、訴訟の裁許にはもっぱら下知状が使われることになり、裁許権者としての執権の地位が確立した。

　1230年（寛喜2）から天候不順による飢饉が始まり、朝廷では新制を定めて綱紀粛正をはかるとともに、飢饉の終息を願って寛喜4年を貞永元年に改めた。改元に先立ち、将軍頼経が従三位に叙されて、政所開設資格が与えられた。制度を整えることが自然の順行をもただすと考えられていたのである。そしてこの改元の年に幕府の基本法典として

御成敗式目 51 箇条が編纂された。編纂完了を前に評定衆 11 名が評定における理非決断を公正に行うことを誓約する起請文を作成し、執権泰時と連署時房が理非決断職として加判した。

皇統の交替

　承久の乱により、後鳥羽上皇は隠岐に流され、後鳥羽に代わって院政の主宰者に選ばれたのは、後鳥羽の兄にあたる後高倉院であった。後高倉に院政を行わせるために、後高倉の皇子である後堀河が天皇に立てられ、後堀河を天皇にするために仲恭天皇は廃された。仲恭は廃帝としてその後歴代に数えられなかったが、明治維新後になって歴代に加えられた。「仲恭」という諡号も維新後に定められたものである。また後高倉は後堀河の父として太上天皇の尊号を奉られたが、皇位の経験なしに院政を行ったのは後高倉のみである。

　承久の乱後の朝廷で主導権を握ったのは、親幕派公卿として乱の最中には後鳥羽により拘禁された西園寺公経であった。公経の妻は持明院家出身の一条能保と頼朝の妹との間に生まれた娘である。ちなみにこの夫婦の間に生まれたもう一人の娘が九条兼実の子息良経との間に道家を儲け、さらに道家と公経娘との間に生まれたのが 4 代将軍頼経であった。つまり頼経は父方でも母方でも頼朝の妹の曾孫にあたり、公経は頼朝の妹の女婿であり頼経の外祖父であった。

　九条道家は仲恭天皇の摂政を務めた形式上の責任を取って乱後その職を辞したが、上記のような公経ならびに頼経との関係によって数年にして復権した。頼経の姉は後堀河天皇の中宮として皇子を産み、1232 年（貞永元）10 月、後堀河天皇はその皇子に譲位した。新帝は四条天皇である。四条もまた摂関の娘が中宮として産んだ皇子であるから、仲恭と同様に摂関家にとって理想の天皇であった。道家の嫡子として後堀河

天皇の関白、四条天皇の摂政を務めた教実は早世したが、道家は教実の娘を四条天皇の中宮に立てる予定で入内させた。外戚関係の再生産により摂関の地位の安泰をはかったのである。ところが教実の娘の入内から1か月もたっていない1242年（仁治3）正月9日、四条天皇は12歳で急死してしまった。

　四条の死により後高倉皇統の男系は絶えたので、道家は皇嗣について幕府に諮り、幕府は土御門天皇の皇子を皇嗣に指名した。これにより即位したのが後嵯峨天皇である。後嵯峨の中宮には西園寺実氏（公経の子息で道家の妻の弟）の娘が立ち、間もなく皇子を産んだので、後嵯峨は在位4年にして譲位した。後嵯峨の父も祖父もすでに故人であったために、後嵯峨はやむなく親政を行ったが、皇子が誕生したことにより、自らが譲位して院政を行うことにしたのである。当時において親政ではなく院政が常態と考えられていたことがわかる。後嵯峨はこの後26年間にわたって院政を行った。

得宗専制

　京都で四条が亡くなり後嵯峨が皇位についたのと同じ1242年の6月、鎌倉では執権泰時が60歳で亡くなった。泰時の嗣子時氏は早世していたので、後任の執権には孫の経時が就任した。経時は当時19歳、これに対して将軍頼経はすでに25歳になっていた。年齢差の逆転が将軍と執権の関係に影響しないわけにはいかなかった。

　1244年（寛元2）、頼経は将軍を辞し、6歳の子息頼嗣が後任となったが、頼経は将軍の父として権勢を保ち、執権経時の権力確立に不満を持つ勢力が、頼経のもとに結集するようになった。

　1246年（寛元4）はじめに京都で後嵯峨天皇が譲位して院政を始めると、道家はその機会に関白二条良実を摂政一条実経に替え、道家と

実経が共に関東申次を務めることについて前将軍頼経の了解をとりつけた。良実も実経も道家の子であるが、道家は実経を贔屓したのである。頼経も道家の子、良実の弟、実経の兄にあたった。

　当時、経時は体調を崩していたので、その隙に道家と頼経の連携により京・鎌倉の権力独占がはかられたのであった。しかし経時が弟時頼に職を譲ったことにより、形勢は一気に逆転した。時頼は鎌倉を戒厳して反対派を幕閣から追放し、さらに頼経を京に追い返したのである。

　さらに1年後の1247年（宝治元）、時頼は安達氏と結んで三浦泰村と千葉秀胤を滅ぼし、大叔父北条重時を連署に招き、その娘を正室とした。1249年（建長元）、評定のもとに3方の引付が設置され、訴訟審理を分担し、併行して進める仕組みがつくられた。

　1251年（建長3）、時頼の正室が時宗を産むと、翌年、時頼・重時の主導する幕閣は将軍頼嗣を京に送り返し、後嵯峨上皇の皇子宗尊親王を次の将軍に迎えた。宗尊は後深草天皇の兄にあたるので、親王将軍を戴く幕府は権威を高めることになった。

　1256年（康元元）、時頼は病を機に出家し、時宗が成人するまでの代理として、重時の子息長時を執権としたが、時頼は1263年（弘長3）に亡くなるまでの7年間、実権を掌握した。頼経が将軍の父として、道家が摂関の父として、そして上皇が天皇の父として実権を掌握するのと同じ構造である。北条氏の家督を得宗と称するが、得宗が執権に在職するか否かによらず幕府の実権を掌握する政治体制を得宗専制と呼んでいる。

　将軍宗尊は幕府の権威を確立する役割を果たしたけれども、宗尊を鎌倉に招聘した時頼と重時が亡くなると、年少の得宗時宗を戴く新世代に疎まれるところとなり、1266年（文永3）、宗尊は京に送り返され、その子惟康が次の将軍に立てられた。かつて摂関政治を円滑に進めるた

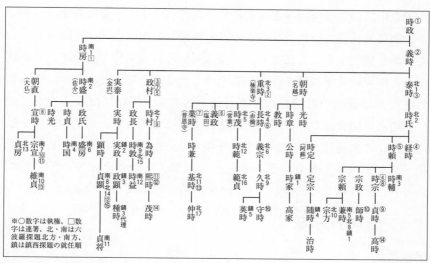

図 9 - 5 北条氏系図

めに天皇は幼少であることが好まれたのと同じように、得宗専制を円滑
に進めるために将軍も幼少であることが好まれるようになっていた。

院評定

　1246 年（寛元 4 ）に前将軍頼経が京に送還された事件は、頼経の父
道家をも失脚させることになった。道家は関東申次を実経とともに務め
ることをはかったのであるが、幕府は道家・実経を更迭し、西園寺実氏
を新たな関東申次に指名した。幕府は同時に朝廷に「徳政」（言葉の本
来の意味での徳のある政治）を求め、後嵯峨はこれにこたえて院評定
を設置した。幕府の評定にならって院御所においても、決められた構成
員による定例の評定を開催することにしたのであるが、そこで議される
ことが期待されたのは、朝廷では「雑訴」と呼ばれた土地に関する訴
訟、所領相論であった。

関東申次の職は西園寺実氏が指名された後、その子孫に継承されていく。朝幕関係のかなめとなるこの職を世襲した西園寺氏は摂関家をしのぐ権勢を確立することになり、天皇に対する外戚工作を行う主役も摂関家から関東申次家に移る。しかし西園寺氏は関東申次でありかつ天皇の外戚として最高の権勢を誇ることはあっても、摂関にはならなかったし、逆に摂関家はたとえ天皇の外戚の立場になくとも、摂関の地位を独占した。この時代、摂関家もまた分裂していたが、そのうち、近衛・九条・二条・一条・鷹司の五家が摂関に就任しうる家として固定しつつあった。後にはこの五家が「五摂家」と呼ばれることになる。

4. 天皇家の分裂

両統迭立

皇位を譲る者と譲られる者の利害は必ずしも一致しない。譲る側からすると、皇位を伝える血統が絶えることを恐れるから、血統の複線化を望むが、譲られる側からすると、自分の兄弟に皇位が移ると、自分の子孫に戻ってこない可能性が生じるので、複線化を嫌う。鎌倉後期の皇統をめぐる混乱は、皇位を譲る側と譲られる側の利害の不一致に起因していた。

後嵯峨天皇のあと、後深草・亀山の兄弟が相次いで皇位を継ぎ、亀山のあとはその子後宇多が、後宇多のあとは後深草の子伏見が、伏見のあとはその子後伏見が継ぎ、後伏見のあとを後宇多の子後二条が継ぐに至って、後深草の子孫と亀山の子孫が交互に皇位につく原則が確立した。これを「両統迭立」と呼んでいる。

			1272	1274	1275		1287	1289	1290		1298	1301		1308		1313		1318	1321		1326		1331	1333
天皇	亀山			後宇多				伏見				後伏見	後二条			花園			後醍醐					光厳
院政	後嵯峨			亀山				後深草				伏見	後宇多		伏見		後伏見		後宇多					後伏見
皇太子	後宇多			伏見					後伏見			後二条	花園			後醍醐			邦良			光厳		康仁

図 9 - 6　皇統の分裂

　二つの皇統は院政期以来の皇祖の菩提を弔う行事とその財源となる荘園群をも別々に継承することになった。鳥羽天皇・美福門院・近衛天皇らの菩提を弔う行事とその財源となる荘園群は八条院が、後白河天皇の菩提を弔う行事とその財源となる長講堂領と呼ばれる荘園群は宣陽門院が、後鳥羽天皇の菩提を弔う行事とその財源となる荘園群は修明門院が七条院より継承し、後高倉院と後堀河天皇の菩提を弔う行事とその財源となる荘園群は式乾門院、ついで室町院がそれぞれ管領した。

　長講堂領は後深草の皇統に、八条院領と七条院領は亀山の皇統に継承された。室町院領の継承をめぐっては、両統の間で相論となり、幕府の裁定により折半されたが、後高倉院以来室町院に至るまでの御所に用いられてきた持明院殿は伏見に継承された。そこで伏見の皇統が持明院統と呼ばれることになった。これに対して後宇多の皇統は後宇多が出家後に大覚寺を御所に用いたことにより、大覚寺統と呼ばれることになる。

　持明院統と大覚寺統は皇位と荘園群の継承をめぐって対立したが、どちらの治世にあっても政策課題は一貫しており、所領相論の

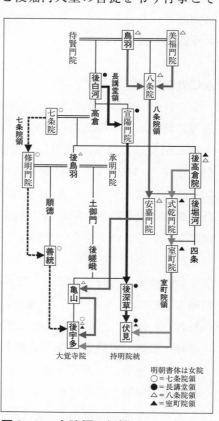

図 9-7　女院領の伝領

裁定を促進するための訴訟制度の充実がはかられた。亀山院政期には院評定が徳政沙汰と雑訴沙汰に分けられ、大臣・大納言による徳政沙汰が月に3回、中納言・参議による雑訴沙汰が月に6回開催された。所領相論は「雑訴」として一般政務より低くみられたが、逆に一般政務と分離されることによって審理の促進がはかられたのである。伏見親政期には雑訴評定が一番から三番の3方に編成され、それぞれが月2回の定例日に開催されるとともに、審理の遅延についての直訴を受け付ける庭中という制度が設けられた。

永仁の徳政令

　生まれながらの得宗であった北条時宗は、1264年（文永元）、14歳で連署に就任して執権北条政村のもとで見習いを務め、1268年（文永5）政村と交替して執権に就任し、政村が連署として補佐することになった。1284年（弘安7）に時宗が34歳で亡くなると、子息の貞時が13歳で執権に就任したが、貞時の母の兄にあたる安達泰盛が幕政を主導した。泰盛は改革政治を精力的に推進し、訴訟制度については、引付が評定に上程する判決原案を一つに限らせる「引付責任制」を確立した。

　しかし泰盛は1285年（弘安8）の霜月騒動で滅ぼされ、その後は得宗家の内管領で貞時の乳母の夫にあたる平頼綱が権勢をふるった。その頼綱も、1293年（正応6）、鎌倉が大地震に襲われた混乱の最中に誅殺された。かくして執権貞時が幕政を主導することになる。

　泰盛・頼綱・貞時と政権を主導する者が交替しても、政策課題は一貫して、所領相論の審理を促進することであった。有名な永仁の徳政令もその文脈で理解する必要がある。徳政令とは質流れや売却によって元の持ち主の手を離れた土地を取り戻させる法令と理解されているが、そのような意味での徳政令は、1297年（永仁5）に制定されたものが初め

てではない。1297 年の法令は徳政令としてはむしろ制限の多いもので
あり、徳政令を発効させるというよりもむしろ発効範囲を制限すること
により、訴訟案件の増加を抑制することを意図したものであったと考え
られる。

幕府の瓦解

　大覚寺統の後二条天皇のあとに皇位についた持明院統の花園天皇は後
伏見天皇の弟であるが、花園は後伏見の猶子となり、後伏見の皇子が花
園の猶子となることによって一系を維持する努力が払われた。しかし大
覚寺統のほうでは、亀山法皇が晩年に儲けた恒明に皇位を継がせようと
したのに対して、後宇多上皇は後二条天皇の皇子邦良に皇位を継がせよ
うとしたので、両派が対立し、両派のいずれでもない第三の候補として
後醍醐が花園の後継天皇となった。

　したがって後醍醐は元来、中継の立場であったが、1324 年（元亨 4）
に後宇多法皇が亡くなった後に、倒幕の陰謀が発覚したとされる事件が
起きた（正中の変）。後醍醐の中継の立場を超えて親政を進めようと
する動きが、反幕府的な言辞を産み出すことになったのであろう。

　幕府のほうでは、1316 年（正和 5）に貞時の子高時が執権に就任し
たが、高時は病弱で、幕府の求心力は著しく低下した。正中の変につい
ても幕府は断固たる処置をとることができず、また得宗領の置かれてい
る陸奥における蝦夷の反乱を鎮めるのに幕府は苦しめられた。

　1331 年（元徳 3）5 月、倒幕の陰謀がまた発覚したが、幕府のほう
ではそれとは別に、得宗高時と内管領長崎高資が対立して、事件処理能
力をさらに低下させた。後醍醐天皇は京を脱出して笠置山に立てこも
り、楠木正成がこれに呼応して河内で挙兵した。幕府は大軍を送って
笠置山を攻略するとともに、後醍醐天皇不在のまま後伏見上皇の詔に

よって皇太子を皇位につけた。光厳天皇である。その後、後醍醐は捕らえられ、隠岐に流された。しかし後醍醐の皇子の一人である護良親王と楠木正成は抵抗活動を続け、2年後の1333年（正慶2）の年明け頃から護良・正成の抵抗が活発化するとともに、これに呼応する勢力があらわれ、御家人の離反が相次ぎ、ついに幕府は得宗とその近臣のみとなって、5月、六波羅、鎌倉、鎮西が相次いで倒された。後醍醐は在位を宣言し、京に凱旋した。

参考文献

網野善彦『蒙古襲来』（小学館（小学館文庫）、2000年）

石井進『日本の歴史7　鎌倉幕府』（中央公論新社（中公文庫）、2004年）

黒田俊雄『日本の歴史8　蒙古襲来』（中央公論新社（中公文庫）、2004年）

五味文彦『鎌倉と京　武家政権と庶民世界』（講談社（学術文庫）、2014年）

近藤成一『シリーズ日本中世史2　鎌倉幕府と朝廷』（岩波書店（岩波新書）、2016年）

研究課題

○鎌倉幕府の政治を将軍独裁・執権政治・得宗専制の3つに区分して、展開過程をまとめてみよう。

○鎌倉時代の皇統は2度の断絶を挟んで継承されている。どのような事情で断絶し、どのようにして継承されたかまとめておこう。

10 ｜ モンゴル戦争

近藤成一

《**目標＆ポイント**》 1274 年と 1281 年の 2 回のモンゴル侵攻は突発的に起きたものではないし、列島上に暮らす人々がまったく予期していなかった出来事でもない。列島上の人々も大陸や半島で何が起きているかを知っていたはずである。その視点からモンゴル戦争を考え直す。この時代の列島の歴史を、1127 年の北宋の滅亡から 1368 年の明の建国、1392 年の朝鮮の建国に至る東アジア世界の激動のなかで考える。

《**キーワード**》 日宋貿易、蒙古襲来、倭寇、勘合貿易

1. 東アジア世界の変動

金の建国と宋の南遷

　1115 年、契丹（遼）の支配下にいた女真族が自立し、金を建国した。金は宋と盟約を結んで契丹を挟撃し、燕京（いまの北京）を契丹から奪い返して宋に譲り、1125 年に契丹を滅ぼした。しかし宋が金に対する背信行為を繰り返したため、金は宋を攻撃、1127 年に宋の首都開封を落とし、宋の皇帝欽宗と皇族・高官を拉致した（靖康の変）。ここにいったん宋は滅亡したが、欽宗の弟高宗が臨安（いまの杭州）に逃れて皇帝に即位し、宋を再興した。南遷した宋を南宋という。

モンゴル帝国

　1206 年にチンギス・カンを戴くモンゴル帝国が成立した。モンゴルは 1211 年から金を攻撃し、金は 1214 年に南に遷ったが、1234 年に滅

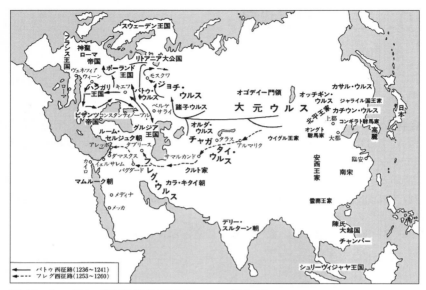

図 10-1　モンゴル時代のアフロ・ユーラシア

亡した。モンゴルはまた1231年から高麗に侵攻した。高麗では1170年以来武臣が実権を掌握していたが、武臣政権はモンゴルの侵攻に対して国王を開京から江華島に遷して抵抗した。しかし1258年に政変により政権を担う武臣が交替し、新政権はモンゴルに屈服することを選んで、太子をモンゴルに入朝させた。この太子が1260年に帰国して国王に即位する。元宗である。

　金が滅亡した翌年の1235年からモンゴルは南宋を攻撃したが、1259年に第4代皇帝モンケが親征中に死去したため、その後継をめぐってモンケの2人の弟のクビライとアリクブケが争い、それぞれ帝位について並立した。1264年にアリクブケが降伏して、クビライが単独の皇帝となった。1271年、クビライは中華帝国としてのモンゴルの国号を「大元」と定めた。

2.　日宋貿易

唐房と商客

　博多の鴻臚館に朝廷から唐物使が派遣されるかたちで行われた鴻臚館貿易は 11 世紀に入ると衰退し、宋人の商客が唐房と呼ばれる居住地を形成して貿易が行われるようになった。

　滋賀県大津市の西教寺に所蔵される「両巻疏知礼記」上巻は、1022 年（乾興元）に宋の明州（のちの寧波）で書写されたものが日本に渡来し、1116 年（永久 4）博多で書写され、さらに 1289 年（正応 2）比叡山で書写されたものであるが、1116 年に書写された場所が「筑前国薄〔博〕多津唐房大山船龔三郎船頭房」と記されている。博多の唐房にある大山船の船頭龔三郎の宿所ということであろう。龔三郎の船が大山船と呼ばれているのはその船が伯耆国の大山寺に所属するものであったことによる。日本海に面する大山寺も対外交流の環境にあり、貿易商人を神人として組織するいっぽう、比叡山延暦寺を本寺に戴き、その保護を受けていた。逆にいえば、延暦寺は大山寺を対外交流の足掛かりとしていた。臨済禅と喫茶を日本に伝えたことで知られる栄西は、27 歳のときに大山寺の基好上人のもとで修行していたが、たまたまそこで唐本法華経に出会ったことで入宋の志をいだいたといわれる。

図 10 - 2　大山寺縁起絵巻に描かれた栄西

　明末に寧波に創設された私設図書館である天一閣に蒐集された石碑のうちに、「乾道三年」（1167）の年号を持つ 3 枚の石碑がある。これらはある寺院

（おそらく寧波近在の）の参道を舗装するために10貫文を寄進することを記したものであるが、寄進者の名は「日本国太宰府博多津居住弟子丁淵」「日本国太宰府居住弟子張寧」「建州普城県寄日本国孝男張公意」である。1番目の丁淵と2番目の張寧は宋人であろうがすでに博多を本拠地として

図10-3　博多宋人石碑

いたように思われる。3番目の張公意は建州普城県を本貫として日本に一時滞在の形をとっているのであろう。

権門による貿易支配

　1133年（長承2）、宋人周新が来航したので、大宰府の府官が手続きを行い交易を始めたところ、備前守平忠盛が鳥羽上皇の命令であると称して介入してきた。神崎庄領であるから大宰府による手続きは不要であるという[1]。肥前国神崎庄は後院領として鳥羽上皇の管理下にあったが、忠盛はその預所として周新との交易を独占しようとしたのであろう。忠盛が神崎庄領と称したことについては、周新が着岸したのが博多にある神崎庄の倉敷であると主張したという解釈と、周新の船が神崎庄に所属すると主張したという解釈と、二つの解釈がある[2]。いずれにせよ、忠盛は宋人との貿易が荘園支配の一部として認められたものであり、大宰府の所管から除外されることを主張したものであろう。

　忠盛は清盛の父であるが、忠盛の時代から平氏は日宋貿易に関心を抱いていた。忠盛は1127年（大治2）より1136（保延2）まで備前守を務め、その在任中、海賊追討を命ぜられている。清盛は1146年（久安

1　『長秋記』長承2年8月13日条。

2　石井正敏「肥前国神崎荘と日宋貿易—『長秋記』長承二年八月十三日条をめぐって—」『石井正敏著作集3　高麗・宋元と日本』（勉誠出版、2017年）所収。

２）より 1156 年（保元元）まで安芸守、1158 年（保元３）より 1160
年（永暦元）まで大宰大弐を務めた。清盛が安芸の厳島神社を崇敬
し大規模に整備したのや、1166 年（永万２）に備後国大田庄を後白河
上皇領として立て、子息重衡をその預所とし、その倉敷を瀬戸内海に面
する尾道に設けたのは瀬戸内海航路を重視したためであると考えられる。
清盛の弟頼盛は 1166 年（永万２）より 1168 年（仁安３）まで大宰大弐
を務め、現地に赴任している。

　忠盛が神崎庄領と称して周新との貿易を支配したことを大宰権帥藤
原長実から聞いた源師時は、上皇の権威を誇る犬猿のような行為だと非
難する言葉を日記に遺している[3]。上皇の権威によって貿易を荘園支配
に取り込み大宰府を排除すべきではないと考えているのである。しかし
それから 30 年後、鎌倉幕府を開いた源頼朝のもとに薩摩・大隅・日向
３か国にまたがる巨大荘園島津庄の本所近衛基通から庄官の訴えが届
けられた。島津庄に着岸した唐船の荷物を大宰府が押し取ったという。
頼朝は唐船の荷物を島津庄に返却することを天野遠景に命じた[4]。遠景
は伊豆出身の御家人であるが、当時大宰府守護人を務めていた。諸国に
守護人が置かれたように大宰府にも守護人が置かれた。大宰府守護人は
鎮西奉行とも称される。島津庄に着岸した貿易品をめぐって島津庄と
大宰府が争い、頼朝は荘園の側の権利を認め、大宰府守護人がこれに介
入することを禁じた。貿易を管理する荘園の権利がそれだけ確立してい
たのである。なお、南九州にも唐房は所在したから、この紛争は南九州
に着岸した唐船をめぐるものであったとも解釈できるし、また島津庄の
倉敷が博多に置かれていて、そこに着岸した唐船をめぐるものであった
とも解釈できる。

3　『長秋記』長承 2 年 8 月 13 日条。

4　『島津家文書』（年未詳）5 月 14 日平盛時奉書案（『鎌倉遺文』236 号）。

貿易をめぐる権門間の紛争

　1218 年（建保 6）ころ、博多で、大山寺神人となっていた宋商張光安が筥崎宮の留守相模寺主行遍とその子息左近将監光助によって殺害されるという事件が起きた。大山寺の本山である延暦寺は、石清水権別当で筥崎宮検校を兼ねる宗清を召し給わり、殺害の地である博多津と筥崎宮を山門領となすことを朝廷に訴えた。朝廷は下手人の禁獄には応じたものの、宗清の科罪と博多・筥崎宮の山門領化は拒否したので、山門衆徒は同年 9 月 21 日、日吉・祇園・北野の神輿を頂戴して入洛し、三塔諸堂、日吉・祇園・北野以下末寺末社の門を閉ざし、嗷訴に及んだ。騒動は月をまたぎ、10 月 12 日に天台座主が登山して衆徒を宥め、ようやく鎮静した。貿易港である博多津の支配をめぐって延暦寺と石清水八幡宮が争ったことが事件の本質であった[5]。

　大山寺で修行して入宋の志を抱いた栄西は 1168 年（仁安 3）に宋に渡ったが、当時大宰大弐として赴任していた平頼盛の援助があったと考えられている。栄西の著『興禅護国論』に付された「未来記」は、杭州霊隠寺の仏海禅師慧遠が自身の入滅 20 年後に禅が日本に伝わることを予言したのが、栄西の帰国に相当するとし、栄西も自身の入滅 50 年後に禅宗の興隆することを予言したものである。慧遠の予言は、1197 年（建久 8）8 月 23 日に博多津の張国安なるものが栄西に伝えたものであるとされる。張国安と張光安の名の類似は、両者が縁者であることを示すものかもしれない。

東大寺の再建

　1180 年（治承 4）の平氏による焼き討ちにより灰塵に帰した東大寺の再建事業を大勧進として担った重源は 3 度入宋したと称していたし、重源のあと第 2 代大勧進を務めた栄西は 1168 年（仁安 3）に四明（現

5　『大日本史料』第四編之十四建保 6 年 9 月 16 日条。

在の寧波近郊）で重源に出会い、ともに帰国したのであった。栄西は1187年（文治3）から1191年（建久2）の間、再度入宋している。第3代大勧進を務めた退耕行勇も1184年（元暦元）から1188年（文治4）の間、入宋している。大仏の鋳造と大仏殿の造営を行った陳和卿は宋人の商客であったが、鋳造・造船・建築等の知識を有していたために、重源に見出されたのであった。

現在、東大寺南大門の北の2間に1躯ずつ置かれている獅子の石像は、1196年（建久7）に中門に置かれたもので、宋人字六郎ら4人の製作になり、石材は大唐から購入したと記録されている[6]。材質の観察から、石材は寧波郊外の梅園を産地とする「梅園石」であると考えられている[7]。

図10-4　東大寺南大門北側の獅子石像

このように東大寺再建事業は対外的文化交流の産物であり、「再建」でありながら以前あったものの忠実な復元ではなく、大陸の影響を受けた新しい文化を産み出すことになった。

入宋する僧、渡来する僧

北京律をおこし泉涌寺を再興した俊芿は1199年（正治元）から1211年（建暦元）の間、曹洞宗を伝え永平寺を開いた道元は1223年（貞応2）から1228年（安貞2）の間、博多承天寺と京都東福寺の開山となった円爾は1235年（嘉禎元）から1241年（仁治2）の間、紀伊国由良の興国寺、山城国宇多野の妙光寺の開山となった心地覚心は1249年（建長元）から1254年（同6）の間、入宋した。

6　『東大寺造立供養記』。
7　楊建華・鄔梦茹「寧波石造物と日中海域文化交流」『岩手大学平泉文化研究センター年報』5、2017年。

　円爾は径山の僧無 準 師範を師としたが、帰国の翌年に径山が火災にあったことを知ると、径山再建のための材木を日本から送った。材木1000枚を運んだのは博多を拠点とする宋人の商客謝国明であった。謝国明は承天寺の建立にも尽力している。

　いっぽう、宋僧蘭渓道 隆は日本に禅を広めることを自ら志し、1246年（寛元4）に渡来した。のちに執権時頼の建立した建 長 寺の住 持に招かれ、1278年（弘安元）同寺において示 寂した。

3. モンゴルの襲来

クビライの遣使

　クビライが日本に通交を求める使節を発遣したのは1266年8月であるが、華北に大規模な首都の建設を命じたのとほぼ同時である（この都市が今日の北京に発展する）。華北に首都の一つ（冬の首都。夏の首都は内モンゴル）を置き、南宋に正面から対峙して、東アジアを版図に収める帝国建設の野心を抱いたクビライの視野に、支配下に入った高麗の先の海に浮かぶ島国日本の姿が入ったのであった。

　クビライの国書は、高麗の使節により、1268年1月、日本に届けられた。しかし日本はモンゴル・高麗の国書に対して返答せず、高麗の使

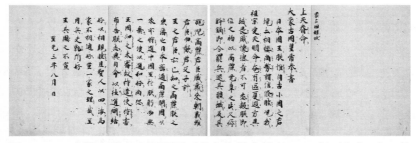

図 10-5　大蒙古国皇帝国書写（東大寺僧宗性が1268年（文永5）2月に嵯峨大多勝院を道場として修された後鳥羽天皇追善法華八講に参勤した際、寄宿先の房主の所持した写を転写したもの。高麗使節が来航した翌月には、国書の写が京都の識者の間に流布していたことが知られる）

節は 7 月に高麗に戻り、さらにモンゴルに赴いて使命の不首尾を報告した。クビライは日本に赴いた使節の報告を受ける以前に、高麗に対して戦艦 1,000 艘の建造を命じ、その目的が南宋と日本を討つことにあることを示した。モンゴル帝国の版図に日本を加えるために外交・軍事両面において尽力することが、帝国が高麗に与えた役割であった。

　1270 年 5 月、高麗国王元宗は江華島を出て開京に入った。これはモンゴルに対する抵抗をやめ、服従する姿勢を示すものであったので、三別抄と呼ばれた一部の軍隊はこれに従わず、朝鮮半島西南端の珍島を拠点として、モンゴルに対する抵抗活動を展開した。これに対してモンゴルは、高麗に対する軍事的支配と日本遠征とを表裏の関係で進めることになった。すなわち、この年 11 月、モンゴルは高麗に屯田経略司を置いた。これはモンゴル兵 6000 を配下に置き、日本遠征に備えるものであった。また 12 月には趙良弼を日本に派遣する使節に任じた。翌1271 年 5 月、モンゴル軍と高麗軍が珍島の三別抄を攻め落とし、三別抄の残党は耽羅（済州島）に逃れた。

　三別抄の勢力を朝鮮半島南部から排除することによって、趙良弼の日本渡海が可能となった。彼は同年 9 月に日本に来航し、モンゴルの国書に対する日本の返書を求めて強硬に交渉したが、ついに返書は得られず、翌 1272 年正月に高麗に戻った。趙良弼が日本に滞在していた間の 1271年 11 月、モンゴルは国号を「大元」と定めた。

　趙良弼が来航する直前、幕府は九州に所領を有する御家人に、守護の指揮に従って外敵に対する防衛にあたることを命じた。これを異国警固番役という。

　趙良弼は 1272 年 12 月に再度日本に渡ったが、今回も使命を果たすことはできず、翌 1273 年 3 月に高麗に戻り、5 月に元に復命して、日本で見聞した状況を報告した。この間、元軍と高麗軍が耽羅を攻めて三別

抄を滅ぼした。こうして、一方では日本に対する外交交渉が行き詰まり、他方では日本に対する出兵の障害がなくなり、日本遠征が具体化されることになった。

第1次侵攻

1274年の初めから、戦艦の建造などの日本遠征の準備が本格的に進められた。6月に高麗国王元宗が死去したが、その子息忠烈王が元から帰国して即位した。忠烈王以降は国王に即位する以前は元の皇女の婿として元の首都で過ごすのが例となった。10月3日にモンゴル人ヒンドを総司令官、高麗出身の洪茶丘、漢人劉復亨を副官とす

図10-6　モンゴルの第1次侵攻

る元軍と金方慶の率いる高麗軍が朝鮮半島南端の合浦を出港した。戦艦の数が120艘前後、船員の数が6,700人程度、軍人の数が6,000人程度という規模であった。戦艦には上陸用と汲水用の舟艇が積み込まれていた。

10月3日に合浦を出港した遠征軍はその日のうちに対馬に至り、5日にかけて対馬を制圧し、13日には壱岐に渡った。そして19日深夜から20日にかけて博多湾に上陸し、日本軍との本格的な合戦になった。20日の合戦では元・高麗軍が優勢で、日本軍は大宰府まで撤退した。しかし元・高麗軍の攻勢はここで止まり、11月27日に合浦に帰着した。

元・高麗軍が対馬・壱岐を襲撃したことについて報告を受けた幕府は、九州および中国地方の守護に対して、御家人のみならず本来守護の管轄

に属さない武士も動員して防衛にあたることを命じた。命令が出されたのは 11 月 1 日ですでに博多湾で合戦が行われた後であったが、守護が管国の御家人・非御家人を動員して外敵に対する防衛にあたる体制はこの後も継続され、九州では 9 か国が 4 つの組に分かれて、各組が 3 か月ずつ防衛の任にあたる体制をつくった。また博多湾に外敵が上陸するのを阻止するために海岸沿いに石築地が建造された。石築地は九州の 9 か国が地区を分担して建造し、石築地の完成後は、九州の各国は石築地の建造を担当した地区の防衛にあたるようになった。

第 2 次侵攻

図 10 - 7　モンゴルの第 2 次侵攻

日本遠征軍撤退の報告を受けた大元皇帝クビライは、1275 年に日本に対する使節を送った。しかし元・高麗を初めとする諸民族混成で構成された使節団を、幕府は処刑した。また幕府は高麗に対して出兵する計画も進めたが、組織的な出兵は行われなかった。

元は日本に対する戦略と並行して南宋に対する攻略も進めたが、1276 年に南宋の首都臨安を落とし、1279 年には南宋の皇室を滅亡させた。その翌年、1280 年に、5 年前に日本に送った使節団が処刑されたことの報告が元の宮廷にもたらされたことにより、日本再征の議が起こり、ヒンド・洪茶丘がモンゴル・華北・高麗の軍 4 万を率いて合浦から日本に向かい、南宋の降将范文虎が江南の軍 10 万を率いて日本に向かい、壱岐で合流して日本本土を攻略する作戦を立てた。日本攻略を進め高麗を軍事的に

支配するために、征東行省（日本行省）が置かれ、高麗国王がその次官に任ぜられた。

　1281年5月3日、合浦からの軍勢（東路軍）が出航した。『高麗史』によると、軍人9,960名、船員17,029名であったという。これは高麗人の数であり、このほかにモンゴル・華北の軍人が約5千名いて、軍人50名、船員60名を乗せた戦艦300艘ほどの軍勢だったと思われる。この軍勢は対馬・壱岐を経由して5月26日には先陣が博多湾の志賀島に至り、以後、対馬・壱岐を兵站基地として志賀島の前線を維持した。それに対して日本軍は志賀島に攻撃を加えるとともに、兵站基地とされた壱岐を攻める作戦も行った。

　一方、アタハイ・范文虎の率いる江南軍は6月18日に慶元（現在の寧波）を出航して日本に向かった。『高麗史』は戦艦3,500艘、江南軍10余万と記録しているが、3,500艘はおそらく戦艦に積み込まれた上陸用と汲水用の舟艇を含む数で、戦艦自体の数はおそらくその3分の1、戦艦1艘あたりに軍人50名、船員60名ほどが乗り込んだ総数が10余万になるのだと思われる。江南軍は耽羅を経由して平戸に至り、7月中旬に鷹島に移動した。27日には合浦発の軍勢の一部も鷹島に来て合流した。

　日本暦で閏7月1日、中国暦で8月1日にあたる日に大風が吹き、日本遠征軍の戦艦に大きな被害が出た。鷹島の艦隊の被害が特に大きく、諸将は残った船から士卒を降ろして乗り込み、撤退した。残された士卒は樹木を伐採して船を建造しようとしたが、日本軍の襲撃を受け、モンゴル・華北・高麗出身の軍人は殺害され、江南出身の軍人は捕縛された。江南軍の諸将も合浦に撤退し、ヒンド・洪茶丘・范文虎等は中国暦閏8月中に高麗から元に帰還した。『高麗史』によると、日本に向かった軍人9,960名、船員17,029名のうち生還した者が19,397名であると記す

が、これは高麗人についての数であろう。高麗人については2人に1人以上が生還したことになるが、江南軍についてはもっと被害は大きかったと思われる。范文虎は士卒を見捨てて撤退した責任を20年後に問われて処刑された。

合戦の恩賞

　日本の武士が合戦に従軍するのは恩賞を目的としていた。外国からの侵略に対して戦う場合でも、恩賞を目的とすることにかわりはない。1274年の合戦に対する恩賞は翌年に行われた。主要な合戦は10月20日に戦われた1回であったから、恩賞も比較的容易に行われた。しかし1281年の合戦は3か月にもわたり、その間、何度も戦闘が行われ、当然日本軍の側の戦死を含む被害も1274年よりはるかに大きく、それを恩賞の対象としなければならなかったために、手続きが難航した。実際に恩賞が行われたのは合戦から5年を経過した1286年からであった。前年の1285年に幕府政治の改革を主導した安達泰盛が討たれる政変があり、泰盛に味方した多くの武士が討たれ、その所領が没収された。そのうちには1274年と1281年のモンゴルとの合戦で大将を務めた少弐景資も含まれた。1285年の政変における敗者から没収された所領をも原資として1286年にモンゴル戦争の恩賞が行われた。モンゴル戦争に功績のあった者の一部に報いるのに、別の一部の者から没収された所領が使われたことになる。以後、1288年、1289年、1290年、1305年、1307年

図10-8　御恩奉行安達泰盛に訴える竹崎季長（『蒙古襲来絵詞』より）

に恩賞地の配分が行われたことが知られるが、いずれも狭小な所領であった。恩賞地の確保が難しかったことが知られる。また恩賞地を受領した武士の側では、所領が狭小過ぎて経営を行うことが難しく、寺社に寄進するなどして手離す場合が多かった。

　肥後の武士竹崎季長は2度のモンゴル戦争に参戦し、そのありさまを絵巻物に作成した。この絵巻物がモンゴル戦争に関する貴重な史料となっている。季長が絵巻物を作成したのは、2度の戦争における自分の活躍を記録して残すためであり、自分の活躍の記録を残すのは、その活躍に対する恩賞を期待してのものであった。実際、季長は1274年の参戦に対する恩賞から当初漏れたために、はるばる鎌倉まで行って訴え、幕府の要人であり恩賞の担当者であった安達泰盛に面会してその功績を認められた場面を絵巻物に残している。

東征計画と遣使のその後

　1281年の日本遠征が失敗した後も、元は日本を支配下に置く計画を軍事・外交両面で進めた。1292年までの約10年の間に、具体的な遠征計画が何度か立てられ、兵船・兵士・兵粮の準備も断続的に進められたが、実現をみなかった。その間、外交使節の派遣も2度ほど試みられたが、使節が日本に到来することはなかった。

　1292年8月、高麗の世子（後の忠宣王）がクビライ帝に閲した際に、クビライは日本遠征の是非を問うた。その場に臨席した洪君祥は、軍事は大事なので、まず高麗に使節を遣わして、意見を聞いたうえで計画すべきであると述べた。クビライはその意見を容れ、洪君祥自身を高麗に派遣した。洪君祥は洪茶丘の弟であるが、兄が高麗を敵視し、日本遠征を強力に主張したのに対して、弟は高麗を愛し、高麗のために軍事を極力回避することを志向していた。洪君祥を迎えた忠烈王は自ら日本遠

征の先頭に立つ決意を述べたが、まずは日本に元への服属を勧める国書
を送ることとした。金有成を正使とする高麗使節は 10 月に大宰府に至っ
たが、日本の返書を得ることはできなかった。金有成は帰国することも
かなわず、1307 年に日本で亡くなった。

　1293 年にクビライが亡くなり、孫のテムルが帝位を継承した。1298
年に日本征討の建議があったが、テムル帝はこれを退け、逆に、明州に
来航した日本商舶に日本招諭の国信使を便乗させることを計画し、宝陀
寺住持の一山一寧にこれを命じた。翌 1299 年、大元皇帝の日本国王あ
て国書をゆだねられた一山一寧は、商船に便乗して渡来した。日本は大
元皇帝の国書には回答しなかったが、高僧として知られる一山一寧を尊
び、幕府は鎌倉の建長寺・円覚寺の住持に迎え、後には後宇多法皇が京
都の南禅寺の住持に迎えた。一山一寧は帰国することなく 18 年間日本
に居住し、1317 年 71 歳で示寂した。

鎮西探題

　1292 年（正応 5）に金有成が高麗の国書を持って来航したのに対し
て、日本は返信しなかったのみならず、逆に防備を固めた。翌 1293 年
（正応 6）、幕府は、北条一門の兼時と時家を防備の司令官として九州に
派遣した。兼時・時家は 1295 年（永仁 3）鎌倉にもどったが、翌年に
は金沢実政が着任し、以後北条一門の者が博多に駐在して、異国に対す
る防備を指揮した。この地位を鎮西探題と呼んでいる。

　これより先、1286 年（弘安 9）防備を固めるために、九州居住の者
が訴訟のために鎌倉・六波羅に赴くことを禁じた。そのかわりに 4 人の
奉行人により構成される鎮西談議所が博多に置かれ、九州における訴訟
を処理することになった。鎮西探題が置かれると、鎮西談議所の機能は
鎮西探題に引き継がれ、鎮西探題の指揮のもとで裁判が進められた。鎮

西探題が発給した裁許状は 251 通が確認されるが、鎮西探題から裁許状が発給された期間と同じ期間に鎌倉から発給された裁許状の数が 138 通、六波羅探題から発給された裁許状の数が 69 通であるのに対してきわめて多く[8]（いずれも残存数であるので、実際に発給された数は当然これを上回る）、鎮西探題の活動が活発であったことを示している。

　武士が外敵に対する防衛を当番で勤める異国警固番役と博多湾沿岸の石築地を建造し管理する役は、鎌倉幕府と鎮西探題が存続している間、継続された。石築地が完成した後の警固役は、九州の各国が石築地の築造を担当した箇所の警固を担当するものであったが、1304 年（嘉元 2）に制度が変更され、九州の 9 か国を 5 つのグループに分け、各グループが 1 年ずつ警固を担当するようになった。

4. 日明通交

初期倭寇

　1227 年、高麗国全羅州道按察使は日本国惣官大宰府に牒状を送り、前年 6 月に対馬島人が金海府（金州）に侵寇したことを伝え、進奉礼制が守られず、多くの船が常に往来し、悪事を働いている状況についての回答を求めた。進奉礼制とは高麗が倭人の来航を規制するもので、年に 1 度、船は 2 艘までという規定であったが、その制限を超えて倭人が来航し、高麗から見て不法とみなされる行為もあった。牒状のなかには「金海府は対馬人もと住依するところの処」とも記されているので、博多に外国の海商が寄住しているのと同様に、朝鮮半島海辺の港津に倭人の海商が寄住することもあったのであろう。彼らの不法行為が「倭寇」と認識されるようになった。

　高麗からの牒状を受け取った大宰府守護人武藤資頼は悪徒九十人を捕え、使節の面前で斬首し、賊船の侵寇を謝し修好互市を請う書を高麗に

8　瀬野精一郎編『増訂　鎌倉幕府裁許状集』上下（吉川弘文館、1994 年）による。

送った[9]。資頼は前年大宰少弐に任ぜられていたし、この後資頼の子孫は代々この官職に任ぜられ、やがて少弐を家名とするようになっていくけれども、資頼が高麗からの牒状に対応したのは、律令官制上の大宰少弐であったからではなく、幕府職制上の大宰府守護人であったからである。幕府は、国ごとに守護人を置いて国衙を掌握したのと同様、大宰府にも守護人を置き、大友氏とならんで鎮西奉行の職にある武藤氏がこの職掌を管轄した。武藤氏が代々大宰少弐に任ぜられることになるのは大宰府守護人の表象としてであるけれども、武藤氏が大宰府を掌握する根拠は、あくまでも守護人たることにある。

　資頼は高麗からの牒状に独断で対応した後に、牒状の正本を幕府に、案文を朝廷に送った。朝廷では、大宰府の府官（朝廷の認識では資頼はこうとらえられる）が独断で牒状を開封し返牒したことを奇怪とし、牒状の内容は無礼であり、その牒状に返牒したことを「我朝の恥」とする意見があった。異国からの牒状にどう対応するかについて、当時から南北朝期までずっと議論されているが、大宰少弐（大宰府守護人を朝廷はこう認識する）が武将の命を受けて遣わす例や少弐が私に遣わす例があげられていて、朝廷ないしは幕府が正式に対応することは忌避されている。言い換えれば、朝廷・幕府が外国との正式な国交を避けている間隙をついて、外国と接触する最前線にいる武藤氏は、私的に交渉し、修好互市を求めているのである。

勘合貿易

　1350年頃から朝鮮半島南岸の倭寇の動きが顕著になり、1366年（貞治5）、高麗を所轄する征東行中書省の名で日本に海賊の禁圧を求める文書を持参した使者が出雲に着岸し、翌年入京した。
　1370年代には高麗は北九州に勢力を有する今川了俊や大内義弘に使

9　『大日本史料』第五編之三安貞元年5月1日条。

節を送って倭寇の禁圧を求めている。

　1368年、明を建国し皇帝に即位した洪武帝は周辺諸国に使節を送り、建国と即位を宣言したが、日本に対する使節は同時に倭寇の鎮圧を求めた。日本で明使を迎えたのは、大宰府を抑える南朝懐良親王であった。懐良は臣従する旨の使節を明に送り、1371年洪武帝は懐良を日本国王として冊封した。懐良を冊封する明使が来航した頃、懐良は大宰府を追われ、大宰府は幕府方の九州探題今川了俊に制圧されていた。明使は京都に向かい、足利義満は征夷将軍の名で使節を明に送ったが、明は義満を陪臣としてその使節を退けた。

　高麗の武人として倭寇対策に活躍してきた李成桂は、1392年朝鮮を建国し、明からは「権知国事」の地位を認められた。

　1398年、明の洪武帝が亡くなると、孫の建文帝が即位したが、洪武帝の子で建文帝の叔父にあたる燕王朱棣が挙兵して内乱となった。1401年、建文帝は李成桂の子太宗を朝鮮国王に封じ、翌年2月足利義満を日本国王に封じた。

　建文帝が義満を日本国王に封じて4か月後、燕王は建文帝を追って帝位についた。永楽帝である。永楽帝はあらためて日本国王、朝鮮国王を冊封した。

　永楽帝は義満に金印と勘合100道[10]を与えた。勘合は使節が正式のものであることを証明するもので、料紙の上に小紙を2枚置き、料紙と小紙にまたがって朱印を捺し、1から100の通し番号を加えたものである。印影と通し番号の左半分が載る料紙が勘合で、右半分が載る小紙は綴じて底簿とされた。朱印の印文には「日字　号」と「本字　号」があり、空格部分に通し番号が書き込ま

図10-9　本字号勘合

10　「道」は勘合を数える単位。

れるのである。日字号勘合と日本二字号底簿は礼部に置き、本字号勘合と日字号底簿は日本に送り、本字号底簿は浙江布政司に置かれた。日本からの使節は本字号勘合を持参し、寧波の浙江布政司と南京の礼部で本字号底簿との照合を受ける。逆に明から日本に来る使節は日字号勘合を持参し日本で日字号底簿との照合を受ける仕組みであった。勘合を持参した最初の遣明船は 1404 年（応永 11）に送られたが、1548 年（天文16）までに 16 回の派遣が確認される。

参考文献

旗田巍『元寇―蒙古帝国の内部事情』（中央公論新社（中公新書）、1965 年）

榎本渉「「板渡の墨蹟」から見た日宋交流」（『東京大学日本史学研究室紀要』第 12号、2008 年）

四日市康博編『モノから見た海域アジア史―モンゴル〜宋元時代のアジアと日本の交流〜』（九州大学出版会、2008 年）

服部英雄『蒙古襲来と神風　中世の対外戦争の真実』（中央公論新社（中公新書）、2017 年）

池田榮史『海底に眠る蒙古襲来　水中考古学の挑戦』（吉川弘文館、2018 年）

榎本渉『僧侶と海商たちの東シナ海』（講談社（学術文庫）、2020 年）

中田敦之・池田榮史『元軍船の発見　鷹島海底遺跡』（新泉社、2021 年）

村井章介・荒野泰典編『新体系日本史 5　対外交流史』（山川出版社、2021 年）

研究課題
○ 12 世紀から 14 世紀に至る東アジア世界の変動と日本史の展開がどう対応しているか考えてみよう。

11 │ 荘園と村落

│ 近藤成一

《**目標＆ポイント**》 12世紀に大開発の展開により荘園制が体制的に成立し、荘園を基盤とする政治・経済・社会の構造が形成された。鎌倉幕府の地頭制度は荘園を基盤とするものであった。しかし大開発が限界に達すると、荘園経営をめぐる上級領主と下級領主の対立が顕著になり、本所と地頭との間で下地中分が行われたり、本所が荘官を排除して直務を行い、排除された荘官等が悪党化したりした。室町期の本所領における直務をめぐる本所と百姓との関係も考える。

《**キーワード**》 本家、領家、預所、下司、本所、地頭、下地中分、本所一円地、悪党、直務、請負、土一揆

1. 荘園の成立

荘園制の体制的成立

　営田と私出挙を両輪とする経営を行う富豪層は農業経営の専門家という意味で「田堵」とも呼ばれた。彼らは未開地の開発や荒地の再開発を進め、開発地・再開発地を「私領」とする開発領主に成長した。開発領主の私領が中央の有力者に寄進されると、荘園として国司の支配の及びにくい領域になった。荘園の設立を認めることは、一方では開発・再開発を進めるための動機付けになったが、他方では国司の支配領域をせばめることにもなった。国司は任国内の荘園の整理を進め、荘園領主としばしば対立した。

　1069年（延久元）の荘園整理令は、従来の荘園審査が諸国により行

われてきたのを改め、太政官のもとに記録荘園券契所を設け、国司と本所（荘園領主）の双方から証拠書類を提出させ、審査を行うもので、厳密な審査により多くの荘園が停廃された。しかしこの審査を通過した荘園は太政官により承認されたものとして安定することになるから、この荘園整理令は、結果として荘園制の体制的成立を進めることになった。

　荘園の拡大が止められない流れになると、荘園の設立を組み込んだ財政構造が考えられるようになった。御願寺や御所・離宮を造営するのには受領の成功が用いられたが、御願寺の維持や仏事の経費をまかなうために荘園が設立されるようになった。開発領主の側では、寺院の建立を発願する女院の周辺に伝手を求めて寄進を行うようになった。その一例をみることにしよう。

肥前国松浦庄

　肥前国松浦庄は大江国兼の私領でその子国通に譲られた。国通は 1130 年（大治 5）肥前守に任ぜられたが、おそらくその任を終えた後の 1139 年（保延 5）、鳥羽院庁に申請して別符の地として知行することが認められた。私領として相伝知行することについて、別符すなわち特別の免許が与えられたのである。

　国通はその女子にこの地を譲ったが、女子は 1175 年（安元元）8 月に建春門院の乳母若狭局にこの地を譲り、同年 12 月若狭局はこの地を建春門院に寄進したので、後白河上皇は肥前国司に命じて不輸庄とした。国役が免除されたのである。

　翌年、建春門院が亡くなると、若狭局は松浦庄を最勝光院に寄進した。最勝光院は建春門院の御願寺である。1178 年（治承 2）2 月、若狭局は、松浦庄の境界を確定し、天皇・上皇・大宰府・国に対する役を

174

免除し最勝光院領として年貢を進納し、管理は若狭局とその後継者が行うことを、あらためて後白河院庁に申請した。6月、若狭局の申請を認める後白河院庁下文が発給された[1]。

大江国通の女子が松浦庄を若狭局に譲ったのは、若狭局が建春門院の乳母であるからであり、松浦庄が建春門院の権威により安定して継承されることを望んでのことであった。この時代、所領を譲り受けた者は本主の菩提を弔う義務を負う。国通娘は国兼以来松浦庄を知行してきた大江氏3代の菩提を弔う行事が建春門院の権威を戴く若狭局とその後継者によって安定して継承されることを期待したのであろう。

本家と領家との関係

寄進された荘園の領家となるのは寄進先である本家に近侍する者である場合が多い。開発領主は自分が本家に近侍している場合もあるけれども、本家に近侍している者に私領を譲って領家となってもらう場合もある。松浦庄の場合がそうである。領家は本家に私領を寄進して本家から預かるかたちをとるので、預所とも呼ばれる。時代がくだると領家と預所が別人格になる場合もあるが、この時代には領家と預所は同一人格を異なる角度からみた呼称である。

ふつうは寄進した側が領家、寄進を受けた側が本家になるのであるが、播磨国矢野庄の場合は修理大夫藤原顕季の私領であったものが、その子大宰権帥長実に譲られ、さらに長実から譲りを受けたその女子女房二条殿が知行しているときに荘園として設立された[2]。本来ならば二条殿の立場は領家であるが、二条殿は鳥羽上皇の配偶者として権勢を誇り、女院号を贈られて美福門院となったので、矢野庄は美福門院の御願寺歓喜光院の荘園となった。美福門院は歓喜光院の願主であるから矢

1　『東寺百合文書』サ函1号、治承2年6月20日後白河院庁下文案（『平安遺文』3836号）。

2　国立国会図書館所蔵『東寺百合古文書』八十六、保延2年2月11日鳥羽院庁牒写（『平安遺文』2339号）。

野庄の本家の立場となり、乳母である伯耆局を領家・預所とした[3]。

　荘園の領家・預所職を知行した者には仏師もいる。院朝は前項でみた若狭局の兄であるが、法成寺領紀伊国吉仲庄を知行していた[4]。

　また院覚・院尊も周防国美和庄を知行した[5]が、美和庄は最勝光院領であるから、院覚・院尊も建春門院に近侍していたものかもしれない。

2．本所と地頭

下司と地頭

　地方で未墾地・荒地を占定し、所出物を特定の国家的目的のために供出することを約して、開発・再開発を進めることを公認された豪族は、公認された領域すなわち荘園において下司という立場を確保した。

　荘園は重層的な領有構造をなすといわれるが、領有の対象となるのは下地と上分である。下地は土地そのもの、上分は下地からの収穫物を意味する。そして下地を管理するのが下司で、上分を収得するのが本所というわけである。下地を管理する下司が収穫物を上分として本所に納めなければ、本所の権利は満たされないが、下司にその義務を果たさせるために、本所は下司の任免権を持つ。もともとは下地を管理する豪族がその領有の保証を得るために上に本所をいただいたのであるが、本所と下司は上分の収取をめぐって緊張関係にある。

　荘園においては下司の立場にある地方豪族が本所との緊張関係において有利になるために、本所とは別に戴いたのが武家の棟梁である。武家の棟梁として覇権を確立した源頼朝は朝廷から国家的治安維持のために地頭を進退する権限を認められたが、国家的治安維持の末端となる地頭に起用されるのは従来の下司であった。下司を地頭とするためにはそ

3　『東寺百合文書』み函 94 号 1、播磨国矢野例名庄相伝事書。

4　『高野山文書宝簡集』二十六、長寛元年 7 月 4 日平信範書状、（長寛元年）7 月 25 日平信範書状（『平安遺文』3261・3264 号）。

5　国立歴史民俗博物館所蔵『反町茂雄旧蔵典籍古文書』、延慶 3 年 8 月 3 日官宣旨。永島福太郎『七条大宮仏所関係の一新史料』（『美術研究』158、1951 年）。

の土地が謀叛人所帯跡であるという条件が必要であったが、下司のままであれば本所により任免されるのに対し、地頭になれば任免権を有するのは頼朝とその後継将軍であり、本所の任免権は及ばないことになる。

　地頭が設置された当初は、本所は地頭職の停止を要求し、それが朝幕間の交渉課題ともなった。また地頭の下地支配を濫妨として本所が訴えると、幕府はとりあえず濫妨の停止を命令し、地頭が異議を申し立てた場合にのみ双方の主張に対する裁定を行うという立場をとった。

　しかし地頭の存在がもはや否定しえない恒常的なものになってくると、本所も濫りに地頭職の停止を求めたり、地頭の濫妨停止を求めたりというのではなくて、荘園の所務をめぐる具体的な論点について訴えるようになった。地頭の現地管理が従来の先例を越えたものとなることを「非法」といい、本所が地頭の非法を訴えるのが一般的な形になったのである。それに対して裁判所としての幕府も、これを政治的に解決するというのではなく、双方の主張を聞いて、それに対して第三者として裁定するようになった。

3. 本所支配の再編と悪党

下地中分

　本所地頭間相論は、遺跡相論と並んで、鎌倉時代に訴訟を頻発させる原因となったが、一つの土地の経営をめぐって対立する本所と地頭の利害に折衷的な裁許が下されても、相論が再燃するのが常で、結局は下地を分割して、本所・地頭双方が他方を排除して支配する領域を創り出すことになった。これを下地中分という。面積は半分になるけれども、その領域に対する支配は一元化されるので、領域内における相論の要因が解消する（ただし中分した境界をめぐる相論は起こりうる）。下地の管理と上分の収得が同一の領主により行われる所領を一円領というが、

鎌倉後期には下地中分による一円領化が進んだ。

島津 庄は日向・大隅・薩摩 3 か国にまたがる広大な荘園で、近衛家が本家、近衛家の子弟が代々入寺する興福寺一 条 院が領家であった。惣地頭職に補任された惟 宗 忠久の子孫が島津氏を称し、戦国大名・薩摩藩主へと成長していく。その島津庄のうち薩摩方伊作 庄・日置北郷・日置新御領について、元亨 4 年（1324）に領家と地頭と間で下地中分が行われた。伊作庄については庄内を東から西に流れる伊与倉河を堺として、以北を領家分、以南を地頭分とし、日置新御領については領内を東西に通る八幡御前放生会馬場を

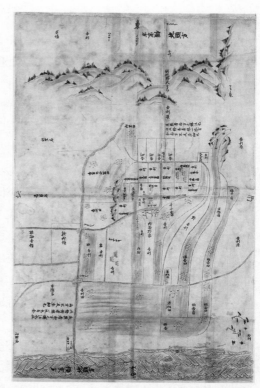

図 11－1　薩摩国日置北郷下地中分堺絵図
（図の上が東、下が西であり、境界線は東西に引かれている。図の上端と下端に境界線をはさんで「領家分」「地頭分」の文字が記されている）

堺として、以南を領家分、以北を地頭分とした。伊作庄と日置新御領の堺は比較的明瞭であったのだが、日置北郷を中分する境界線はやや複雑で、境界線を絵図に描き、堺以北を領家分、以南を地頭分とした。

女院領荘園の再編

　14世紀に入るころから、女院領荘園や御願寺領荘園が東寺や南禅寺・大徳寺などに寄進され、衰退していた荘園の再興がはかられるようになった。

　1300年（正安2）、亀山法皇は播磨国矢野庄別名を南禅寺に寄進した。また1313年（正和2）には後宇多法皇が矢野庄例名を東寺に寄進した。矢野庄は美福門院の乳母伯耆局が領家職に補された後、1167年（仁安2）伯耆局が本家歓喜光院の寺用にあてるために去り渡した分が別名とされ、伯耆局のもとに残された分が例名とされた。例名領家職は伯耆局の子孫に伝領されたが、東寺に寄進される直前には領家の経営が行き詰まり、借財のために例名の土地をつぎつぎに他人に手放している状態であった。後宇多による東寺への寄進は、もちろん東寺に対する信仰にもとづく財政援助の意味もあるけれども、寄進される荘園は不良資産ともいえるもので、それを東寺の力で再建しようという意図をも有するものであった。

　1326年（正中3）、朝廷は最勝光院執務職を東寺に付すことを認めた。最勝光院は1226年（嘉禄2）に大火に遭った後衰退し、仏閣は礎を残すのみで寺役も滞るといわれる状況に陥っていた。そこで、最勝光院の本願建春門院と高倉天皇の菩提を弔う行事を東寺が引き受け、これを西院で行うこととし、本願の仏事を修し最勝光院領荘園を管理するための寺僧の組織最勝光院方が置かれることになったのである。

本所一円地の直務と悪党

　鎌倉後期には所領経営の集約化が進み、本所は地頭や下司に下地の管理を委ねて上分を収得するのに甘んじるのではなく、雑掌を派遣して強力な直務支配を行おうとするようになった。

　地頭の置かれた荘園であれば、たとえ面積が半分になっても、下地中分により一円領を創り出すしかない。しかし地頭の置かれていない荘園（これを本所一円地といった）であれば、下司の任免権は本所が有するのであるから、下司との間で下地中分を行うというよりも、下司を解任する手段に出ることになった。しかし解任された下司は、実効支配をつづけようとして、現地で抵抗することになった。

　鎌倉後期には本所が領域内の悪党の召し捕りを幕府に求める事件が頻発するが、悪党として訴えられた者の多くは、かつての下司や雑掌である。石母田 正『中世的世界の形成』に描かれた東大寺領伊賀国黒田 庄の悪党の張本大江清定は東大寺が黒田庄の直務を実現するために下司を解任されたものであったし、東大寺領播磨国大部 庄 雑 掌 垂水繁昌は寺家の直務を担う立場であったが、年貢の未納により解任されると、悪党を引率して庄内に入部したのであった。入部は実力による知行の奪還を意図するものであった。領家が本家により解任され、解任された領家の関係者が抵抗する場合もあった。一言でまとめれば、この時期に本所による荘園再編の動きが進み、その再編の邪魔になった者が悪党として訴えられたのだといえる。

悪党召し捕りの構造

　しかし本所一円地は本来、幕府の検断の対象とはならない。そもそも本所の側が幕府の介入を拒んでいた。検断は犯罪者を処罰する行為であるが、犯罪者から没収した財産は、盗品も含めて検断権者の得分となるのであり、検断権は荘園を管理する者の収益を伴う権利であるからである。国家的重犯罪を取り締まるために地頭が置かれ、地頭を進退する権限が幕府に認められたから、本所一円地に謀叛人が発生した場合には地頭が置かれる理由にはなった。しかしそうでない限りは、本所一円地内

の検断は本所の権限に属し、謀叛・殺害など守護の権限に属する重犯罪が発生した場合でも、守護は荘園の境界において犯人を受け取るにとどまり、荘園の内部に入部して犯人を召し捕るには及ばなかった。

　鎌倉後期に至り、本所は荘園の再編のために邪魔になった者が悪党として幕府に処断されることを望むように転じたが、それが実現するためには、従来本所の権利を守るために設けられてきた幕府検断の限界が突破されなければならなかった。そのために幕府は、朝廷からの依頼があれば本所一円地に対する検断を求める訴訟を受理する手続きを定めた。すなわち、朝廷が論人（被告）の出頭を命じたけれども、論人がそれに応じないために、論人を召し捕らえることを六波羅探題に依頼する院宣が発給された場合には、六波羅探題はこれを受理し、使節2名を任命して、荘園現地に入部して論人を召し捕らえさせる手続きを確立したのである。朝廷の訴訟手続きにおいて、論人が出頭命令に従わないことを「違勅」といったので、違勅人を召し捕らえることを六波羅探題に依頼する院宣は違勅院宣と呼ばれた。

　違勅院宣は、たてまえをいえば、朝廷の出頭命令に論人が従わない場合に出されるものであったけれども、実際には、朝廷が論人に対する出頭命令を出さずに、最初から違勅院宣を出すようになった。そうなると、違勅が発生したから違勅院宣が出されるのではなく、違勅院宣が出されたから違勅人と認定されたことになる。この手続きが1290年代前半に定められたことにより、本所一円地における検断事件の解決が違勅院宣を介して六波羅に委ねられたことが、悪党問題の実態であった。

4. 室町期の荘園と村落

備中国新見庄

　備中国新見庄は鎌倉時代のはじめ、開発領主大中臣孝正から寄進

を受けた小槻隆職が最勝光院領として設立し、小槻氏が領家職を継承した。承久の乱における勲功により治部丞資満が地頭に補任され、資満の子孫が地頭職を継承して新見氏を称したが、1273 年（文永 10）ころ、領家と地頭との間で下地中分が行われた。1326 年（正中 3）に最勝光院が東寺に寄進され、東寺最勝光院方が新見庄領家方を管理することになった。

　鎌倉幕府の滅亡後、後醍醐天皇は一旦新見庄の地頭職をも東寺に付与したが、その後の戦乱のなかで、新見氏が奪回したり、山名氏の被官多治部氏が介入したり、地頭職の争奪が続いた挙句、足利義満の側室である西御所高橋殿の知行するところとなったが、義満が亡くなると、義持は義満と生母慶子の追善料所として禅仏寺に寄進した。禅仏寺は季瓊真蘂が京都七条柳原に建立したといわれる寺院で、禅仏寺領新見庄地頭方には相国寺僧が庄主として現地に赴いた。

　東寺は領家方を直務とするために寺僧を給主として置いたが、地頭の新見氏や多治部氏が領家方にも介入したため、給主による直務は困難を極めた。1394 年（応永元）に寺僧の給主が辞退すると、この年の所務が新見氏に委ねられ、代官による請負が行われることになった。1408 年（応永 15）には細川氏の被官安富宝城が代官となり、以後半世紀の間、安富氏が新見庄領家方の経営を請け負った。新見庄の現地は、田所金子氏、公文宮田氏、惣追捕使福本氏が管理し、三職と称された。

武家代官の排斥

　1461 年（寛正 2）8 月、新見庄の名主 41 名は連署の起請文を東寺に提出して、東寺が安富氏を解任し、寺家から代官を下して直務とすることを求めた。三職もこれに同調した。守護被官による請負支配は現地には過酷で、現地の庄民は東寺の直務とすることによって撫民が行われる

ことを期待したのであろう。前々年からこの年にかけて全国を大飢饉が襲っている最中のことであった。

　庄民の要求を受けた東寺は、幕府から直務についての承認を得たうえで、現地の実情を調査するために祐深・祐成の両名を上使（じょうし）として下向させた。両名は 11 月 15 日付けで現地の状況を知らせる報告書を東寺に送っている。

　翌年 7 月、東寺直務の代官として祐清が下向し、当年分の年貢の収納を始めた。しかしこの年も当国は長雨にたたられて作柄が悪く、庄民からは 3 分の 2 の免除を求められ、祐清も 3 分の 1 の免除は認めざるを得ず、さらに譲って半分免除ということになったが、それでも相当の未進が残った。

　下向して 2 回目の秋となった 1463 年 8 月、祐清が地頭方政所（じとうがたまんどころ）に差し掛かったところ、政所として客殿を提供していた地頭方の有力百姓谷内と横見によって祐清は殺害された。前の月に祐清は年貢未進を続ける領家方の百姓を処刑しており、谷内・横見の行為は処刑された百姓の親類からの頼みによる敵打（かたきうち）であるともいわれた。しかし三職は祐清による処刑を正当なものとして、谷内・横見による祐清殺害を敵打として扱うことを否定している。

　祐清が殺害されたことを知った三職と領家方の百姓はただちに現場に押し寄せ、谷内・横見は逃亡していたが、彼らの家を焼き払い、祐清の馬が政所につながれているのをみて、これを盗賊行為とみなして、政所屋をも焼き払った。地頭方の庄主が出向いていた石蟹郷新屋垣内（いしがごうにいやかいと）には翌日押し寄せたが、守護家人が間に入って、科人の処罰を約束したので引き上げた。

　祐清は瀕死の重傷を負って領家方政所に運ばれ、そこで息を引き取ったようであるが、その最期を看取り、弔い、遺品を整理したのは、たま

がきという名の女性で、惣追捕使福本盛吉の姉妹であった。たまがきは
祐清の遺品の処分方について目録を作成し、わずかに残ったものを形見
として申し受けることを願う手紙を東寺公文所に対して出している。

コラム

たまがきの手紙

　たまがきの手紙と祐清遺品の
覚え書の原物が伝存しているの
で、写真と釈文・現代語訳を示
しておこう。

　たまがきの手紙は2枚の料紙
に書かれている。手紙を書くと
きは料紙を2枚一緒に持ち、1
枚目の表に書き終わらない場合
には、2枚一緒に裏返して、2
枚目の裏に続きを書く。1枚目
が表を用いるのに対し2枚目
は裏を用いるので、1枚目を本
紙、2枚目を裏紙と呼んでい
る。本紙と裏紙は文字の書かれ
ていない面を背中合わせにし
て、2枚一緒に左から右に巻
き、本紙の右端を下から切り込
んで紐状にして巻き止めて封と
する。これを切懸け封という。
折り畳まれたかたちでは裏紙の
左端が表に出るので、そこに封
に加えられた墨引が残る。たま
がきの手紙では本紙右端の切懸
け封も裏紙左端の墨引も残って
いて、料紙の使い方がよくわか
る。

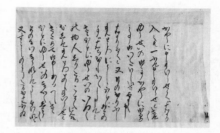
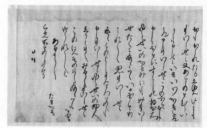
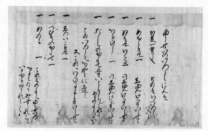

**図11-2　たまがき書状并備中国新
見庄代官祐清遺品注文**

《釈文》

かやうに申まいらせ候へハ、はかり入候へ共、一ふて申まいらせ候、さ
て〜ゆうせいの御事、かやうに御なり候事、御いたはしさ、なか〜申
はかりなく候、又そのおりふし、まんところに候しほとに、あとの事ハ、
はちおもかくし申候て候、さ候ほとに、ゆうせいのいろ〜の物、人しり
たることく、にんきおし候て、まんところとのへ、まいらせ候、さためて
御申あるへく候、さ候ほとに、ゆうせいのきかへしよう〜、そのきわき
られ候てうしなはれ候、又すこしのこりたるおは、ほねおもおられたるし
ゆんけにもまいらせ候、又あとのとむらいにも申して候、いさいハかきた
て候て申まいらせ候、このほとなしみ申候ほとに、すこしの物おは、ゆう
せいのかたみにも、みまいらせたく候、給候ハ丶、いかほと御うれしく思
まいらせ候、返々このよしまんところとのへも、申まいらせ候、ゆうせい
の物、人しり候まゝみな〜まいらせ候、このにんきのまゝ、給候ハ丶、
いかほと御うれしく候、

　　　　　あなかしく、　　　　　　　　　　　　　　　　たまかき

　　くもん所とのへまいる

　　　　（切封）

　　　ゆうせいのいろ〜にんき
一　御足一貫文　そのきわいろ〜ニつかい候
一　あおこそて一　しゆんけ二まいらせ候
一　ぬきてわた二　同しゆんけ二まいらせ候
一　かたひら一　同しゆんけ二まいらせ候
一　たゝみのおもて五まいうり候てこれもあとの事につかい候、
　　このいろ〜ハ、かようにして候、
　　　　　　又これハ、わひ事申まいらせ候、
一　しろいこそて一
一　つむきのおもて一
一　ぬのこ一　これ三の事ハ、ゆうせいのかたミにもみせられ候ハ、いか
　　　　　ほと御うれしく候、

《現代語訳》

このように申し上げるのは恐れ多いことですが、一筆申し上げます。さて
祐清がこのようなことになりましたことはおいたわしく、申し上げること
ばもございません。その折に政所におりましたので、後の始末をさせてい
ただきました。祐清の所持品につきましては、こちらの皆様に確認してい
ただいて、覚え書にまとめ、政所殿（本位田家盛）に進上いたしました。
きっとそちらにご報告されることと存じます。祐清の着替えが少々ござい
ましたが、刃傷を受けた際に失われました。また少し残っていたものは、
お骨折りいただいたお坊様に差し上げたり、弔いの費用にも使わせていた
だきました。詳しいことは覚え書に記しました。この間親しくしていただ
きましたので、少しの物を祐清の形見にいただきたく存じます。頂戴いた
しましたならば、本当にうれしく存じます。このことは政所殿にも何度も
申し上げております。祐清の所持品につきましては、こちらの皆様に確認
していただきましたとおりにご報告いたしました。この覚え書の通りに頂
戴いたしましたら、本当にうれしく存じます。

　　　　　　　あなかしく。　　　　　　　　　　　　　　　たまがき
　　公文所殿へ参る

　　祐清の所持物の覚え書
一　銭一貫文　後始末の際にいろいろに使いました。
一　青小袖一　お坊様に差し上げました。
一　抜出綿二　同じくお坊様に差し上げました。
一　帷子一　同じくお坊様に差し上げました。
一　畳表五枚を売却し、これも後始末の費用に使いました。
　　以上の物はこのように使いました。
　　　　　　また以下のものを所望いたしたく存じます。
一　白小袖一
一　紬表一
一　布子一　この三点を祐清の形見に頂戴できれば、本当にうれしく存じ
　　　　　ます。

土一揆

1467年（文正2）、応仁・文明の乱が勃発すると、都鄙間の交通が困難になった。また庄園の現地は軍隊の通行や兵粮の徴発などに悩まされた。備中は細川氏の領国であったが、周囲が山名氏の領国に囲まれ、特に新見庄は美作・伯耆・備後3国との境近くに位置したから、両軍の侵入を受ける危険にさらされていた。

1469年（文明元）9月、細川勝元の被官寺町又三郎より庄内に打入るとの通告を受けると、庄内の男が残らず八幡社に集まり、大寄合を開いて、東寺以外は領主に戴かないことを誓約し、大鐘を鳴らして、土一揆を引きならした。「土一揆を引きならす」とは庄民が結束して対外的に対応することをいう。結束する意志を内に対して確認し、外に対して誇示するために大鐘を鳴らしたのである。

参考文献 |

伊藤俊一『荘園　墾田永年私財法から応仁の乱まで』（中央公論新社（中公新書）、2021年）

海老澤衷・高橋敏子編『中世荘園の環境・構造と地域社会　備中国新見荘をひらく』（勉誠出版、2014年）

海老澤衷・酒井紀美・清水克行編『中世の荘園空間と現代　備中国新見荘の水利・地名・たたら』（勉誠出版、2014年）

工藤敬一『荘園の人々』（筑摩書房（ちくま学芸文庫）、2022年）

酒井紀美『戦乱の中の情報伝達　使者がつなぐ中世京都と在地』（吉川弘文館、2014年）

西田友広『悪党召し捕りの中世』（吉川弘文館、2017年）

研究課題

○都道府県史・市町村史などの自治体史では、管轄区域内の荘園の歴史や関連史料がまとめられている。身近な図書館にある自治体史を使って、個別の荘園の歴史をまとめてみよう。

12 │ 南北朝の動乱

近藤成一

《**目標＆ポイント**》 鎌倉幕府の滅亡とその後半世紀を超える政治的分裂と動乱の様相を見る。動乱の背景にある社会構造の転換や、動乱が長期化した要因についても考えたい。

《**キーワード**》 後醍醐天皇、建武の新政、南北朝、足利尊氏、観応の擾乱

1. 幕府の再編成

建武の新政

　1333年（元弘3）5月23日、後醍醐天皇は伯耆船上山を立ち、6月4日京都に入った。後醍醐は光厳の在位と、光厳により改元された正慶の年号を否定し、自身の在位と元弘年号が継続していることを主張した。人事もすべて自身が配流される前に戻した。光厳天皇の皇太子康仁は後醍醐と同じ大覚寺統の皇子であったが、後醍醐は康仁を廃して自らの皇子恒良を皇太子に立てた。

　後醍醐は理念としては古代天皇制への復古を掲げたが、政策の実質的な内容は、鎌倉幕府と鎌倉時代の朝廷を継承したものが多かった。特に裁判機関として設置した雑訴決断所は鎌倉幕府の裁判機関である引付を継承するものであり、その職員にも鎌倉幕府の引付出身のものを多く採用していた。また北畠顕家を陸奥守、足利直義を相模守に任じ、顕家には皇子義良を奉じて陸奥の経営に当たること、直義には皇子成良を奉じて関東の経営に当たることを命じた。顕家はまだ16歳であったが、父

の北畠親房が同行して陸奥の国府である多賀城に赴任し、直義は尊氏の弟であるが、鎌倉に赴任して、それぞれ地方経営に当たった。

足利尊氏の自立

　1335年（建武2）、北条高時の遺児時行を奉じる反乱が起こり、反乱軍は成良・直義を破って鎌倉に入った。反乱軍討伐のために足利尊氏が出陣し、鎌倉を奪還したが、尊氏は後醍醐政権から離反する動きを示した。これに対して後醍醐は新田義貞に尊氏討伐を命じ、北畠顕家を鎮守府将軍に任じた。尊氏は義貞の軍勢を撃退し、年を越して1336年（建武3）初めに上洛した。後醍醐は比叡山に逃れた。しかし間もなく、陸奥の北畠顕家が尊氏を追撃して入京し、尊氏は西に逃れて九州まで落ちた。京都に戻った後醍醐は建武3年をあらためて延元元年としたが、尊氏は延元年号を用いず、建武年号を用い続けた。

図12-1　足利尊氏と北畠顕家の進路

　尊氏は自己の軍事行動を正当化するために光厳上皇の院宣を下されることを求めたが、醍醐寺僧賢俊の奔走により、備後国鞆津においてこれを受領した。九州に入った尊氏は多々良浜の戦いで菊池武敏を破り、九州全域の諸氏を味方として態勢を立て直した。尊氏は大軍を率いて再び京都を目指し、摂津湊川の戦いで楠木正成を破って自害に追い込み、

6月14日に入京した。後醍醐はふたたび比叡山に逃れ、光厳上皇が院政を行うことになり、光厳の弟が後醍醐に代わる天皇に立てられた。これが光明（こうみょう）天皇である。後醍醐は比叡山を降りて京に戻り、光明に神器を渡した。同時に尊氏は施政方針を定めた建武式目（しきもく）を制定して、鎌倉幕府以来の行政組織を再興して、新政権の体裁を整えた。幕府という組織が後醍醐の政権を間にはさんでここに復活・再編されることになった。

　政権の形は鎌倉幕府・後醍醐政権・足利幕府と変遷したが、鎌倉幕府の遺した政務の機構と吏僚（りりょう）の多くは後醍醐政権・足利幕府に継承されたのである。

2. 南北朝の並立

顕家・義貞の戦死と尊氏の将軍就任

　1336年（建武3・延元元）10月、後醍醐は比叡山を降りて光明に神器を渡す以前、皇太子恒良に新田義貞をつけて北陸に逃がした。恒良はその後、後醍醐から皇位を譲られたと称し、越前敦賀（えちぜんつるが）から天皇として軍勢催促を行っている。また北畠親房も後醍醐の皇子宗良を奉じて伊勢（いせ）に下った。後醍醐は表向き尊氏に屈服する姿勢を示しながら、再起の方途

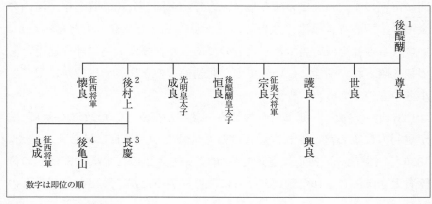

図 12-2　南朝系図

を残していたのである。尊氏に擁立された光厳院政・光明天皇のほうでは、光明に神器を渡した後醍醐に上皇の尊号を奉り、後醍醐の皇子成良を皇太子に立てた。鎌倉以来の両統迭立の原則を維持し、後醍醐に対する配慮を示したのである。

　しかし後醍醐は12月に京都を出奔して吉野に遷り、光明に渡した神器は偽物であり自らの在位が継続していることを主張する。ここに二人の天皇が南北に並立する状況が生じ、1392年（明徳3・元中9）までその状況が解消しなかったので、その時代を「南北朝時代」と呼んでいる。56年の

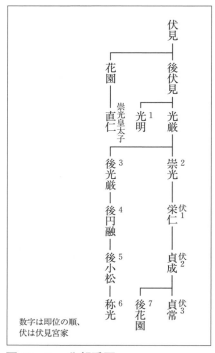

数字は即位の順、伏は伏見宮家

図12-3　北朝系図

間に南朝の4代の天皇の所在地は、吉野から同じ大和の賀名生、河内の金剛寺・観心寺、摂津の住吉社、それからふたたび賀名生と遷ったが、いずれも寺社を仮の居所としたものであった。また天皇に随う廷臣たちの数も限られ、朝廷とはいっても、北朝のものと比べてはるかに規模の小さいものであった。

　1337年（建武4・延元2）に恒良・義貞が拠点とした敦賀の金崎城が足利方に攻め落とされ、義貞は落ち延びたが、恒良は捕らえられた。1336年（建武3）初めに尊氏を九州に追い落とした北畠顕家はその後陸奥太守に任じられた義良とともに陸奥に戻ったが、陸奥の足利方との

戦いに苦しみ、拠点を多賀城から霊山に遷した。1337 年（延元 2 ）8
月、顕家は後醍醐救援のための再度の上洛戦を敢行するために霊山を立
ち、12 月には鎌倉を落とした。1338 年（延元 3 ）に入って、顕家は鎌
倉を立って西上したが、鎌倉を奪回した足利方の軍勢が顕家軍を追撃し、
美濃の青野原で合戦となった。この戦いに顕家は勝利したが、そのまま
西に進んで入京する余力はなく、父親房が拠点としていた伊勢に入った。
その後顕家は、大和・河内・和泉と転戦したが、京に侵攻することはで
きず、5 月、和泉 堺 浦の戦いで戦死した。いっぽう、金崎城から落ち
延びた義貞は一時勢力を盛り返したが、顕家より少し遅れて、閏 7 月越
前藤島の戦いにおいて討死した。

　顕家・義貞が戦死して南朝の軍事力が弱体化したことにより、北朝・
足利方は自信を強め、8 月足利尊氏が征夷大 将 軍 に任命され、光厳上
皇の皇子が光明天皇の皇太子に立てられた。1336 年（建武 3 ）に後醍
醐を屈服させた時期から、尊氏のもとで幕府組織の復活・再編が進めら
れていたが、その組織の首長である尊氏に、鎌倉幕府と同じ征夷大将軍
の称号が与えられた。この称号は、以後 15 代にわたって足利氏に世襲
されることになる。

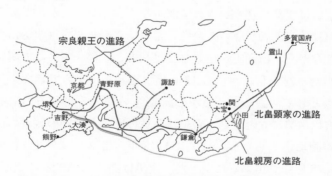

図 12 - 4　北畠顕家・同親房・宗良親王の進路

北畠親房の東国経営

　南朝のほうは京都を取り戻すことができず、北朝に対して劣勢であることを余儀なくされたが、地方経営によって勢力の挽回をはかった。戦死した北畠顕家に替えてその弟顕信を陸奥介鎮守府将軍に任じて太守義良を奉じて陸奥に、皇子懐良を征西将軍に任じて九州に派遣することとした。

　1338年9月、義良・顕信は、義良の庶兄宗良、顕信の父親房、結城宗広らとともに、伊勢より船団を組んで海路陸奥に向かったが、途中暴風雨にあって船団はばらばらになり、義良・顕信・宗広は伊勢に吹き戻され、宗良は遠江に、親房は常陸に漂着した。義良は吉野に戻り、恒良（足利方に捕らえられた後に毒殺されたといわれる）に替えて皇太子に立てられた。

　1339年（延元4）8月に後醍醐天皇が亡くなると、義良が南朝の皇位を継承した。後村上天皇である。遠江に漂着した宗良はやがて信濃国伊那郡大河原を拠点として活動したが、1374年（文中3）に吉野に戻った。宗良は歌人でもあり、吉野に戻った後、南朝側歌人の歌を集めた『新葉和歌集』を編集した。

　結城宗広は伊勢に吹き戻されて間もなく亡くなったが、宗広の本拠地陸奥白河は子息親朝が守っていた。常陸に漂着した北畠親房は親朝と連絡を取りながら、南朝方を結集して足利方と戦い、主として関東地方の経営に当たった。北畠顕信も1340年（延元5）改めて陸奥に入り、霊山を拠点として活動した。しかし高師冬の率いる足利方の攻勢によって南朝方は劣勢に立たされ、親朝は陸奥の顕信と常陸の親房の両方からの救援要請に応じられず、ついに1343年（康永2）8月、親朝自身が足利方に組して挙兵するに至った。親房は関東に留まることができず、翌年吉野に戻った。親房は常陸に滞在した5年の間に『神皇正統記』な

どを著した。

観応の擾乱

　1347 年（貞和 3・正平 2）、摂津から紀伊にかけての南朝方の動きが活発になり、河内・和泉守護細川顕氏を破る勢いを示したため、幕府は顕氏を更迭して高師泰を河内・和泉守護に任じ、南朝方に対峙させた。さらに師泰の兄弟で足利氏の執事を務める高師直が大軍を率いて出陣し、1348 年（貞和 4・正平 3）正月、河内の四条畷において、楠木正成の子息正行を討死させ、さらに吉野の南朝本拠を襲撃して炎上させた。後村上天皇は吉野を脱出して賀名生に遷った。

　吉野を落とされたことにより、南朝は自力で京都を回復する勢力を喪った。この年 10 月、光明天皇が 28 歳で 15 歳の皇太子に譲位したのは、北朝の安定を示すものであった。新天皇は崇光天皇である。皇太子には直仁親王が立てられた。直仁は光厳上皇が叔父花園上皇の妃に通じて産ませた皇子で、花園の皇子として育てられたが、改めて光厳の猶子として皇太子に立てられたのであった。崇光も光厳の皇子であったから、光明から崇光に皇位が移っても、光厳の院政は変わらず、さらに崇光が直仁に譲位しても光厳の院政が継続することが予定された。

　幕府にとっても南朝はもはや脅威ではなくなったが、外部の脅威が減るほど内部の対立が増すことになった。そもそも幕府の首長である足利尊氏は、武士に対する軍事統率権は自ら行使したが、政務の大部分を弟の直義に委任したために、二頭政治が行われた。足利氏の執事である高師直は尊氏との関係が強く、尊氏・直義兄弟の生母上杉清子の甥重能は直義との関係が強かった。

　楠木正行を破り、さらに吉野を落とした高師直の声望は上がり、尊氏から委任を受けて政務を総覧する直義と対立するようになった。1349

年（貞和5）閏6月、直義は尊氏に迫って師直を執事から罷免させたが、8月、師直の反撃により、直義は政務を返上し、師直が執事に復帰した。直義が返上した政務は尊氏の嗣子義詮が引き継いだ。直義側近の上杉重能と畠山直宗が流罪となり、配流先で重能は殺害され、直宗は自害に追い込まれた。

　1350年（観応元）10月、直義は京都を脱出して大和を経由して河内に入り、師直・師泰を討つことを武士たちに呼びかけた。師直・師泰を保護する尊氏の軍勢と直義の呼びかけに応えた武士たちの軍勢との間で1351年（観応2）2月に合戦が行われたが、直義を支持する軍勢が勝利し、師直・師泰は上杉重能の養子能憲により殺害された。

　足利直義と高師直の対立から始まった大名間の対立は、師直・師泰の死によっても解消しなかった。尊氏との合戦に勝利した直義は京に戻り、義詮と共同して政務を執ることになったが、直義と義詮との関係は良好とはいえず、また尊氏・直義それぞれを戴く大名両派の対立を根源とする騒動も続いた。直義はわずか半年で政務を辞退して、直義派の勢力圏に属した越前に逃れ、さらに鎌倉に下向した。尊氏は自ら出陣し、直義の軍を破って直義を降伏させ、直義とともに鎌倉に入った。1352年（観応3）正月のことである。翌月、失意の直義は鎌倉で急死した。

　尊氏は京都を出発する直前に南朝と講和した。この講和により、崇光天皇は廃され、1336年（建武3）に後醍醐から光明に渡され、その後崇光に引き継がれた神器は南朝に接収された。しかし尊氏・直義兄弟の対立が前者の勝利で決着し、直義が急死した直後の1352年（正平7）閏2月、楠木正成の子息で正行の弟にあたる正儀が率いる南朝軍が京都を攻撃して足利義詮を追い落としたことにより、講和は敗れた。義詮は間もなく京都を奪還したが、南朝側は北朝の光厳・光明・崇光の3上皇と直仁親王を賀名生まで連れ去った。南朝の天皇は賀名生におり、幕府は

再び南朝と対立する関係になったが、北朝の皇位は 10 か月の空白をは
さんで、1352 年（観応 3）8 月、光厳の皇子で崇光の弟にあたる後光
厳により継承されることになった。当時、光厳・光明・崇光の 3 上皇は
南朝に拘束されており、京にあって北朝を代表できるのは光厳・光明の
実母にあたる広義門院のみであったので、後光厳の登位は幕府と広義門
院との交渉により進められた。

3．転換する社会

分割相続の限界

　12 世紀に全国規模で急速に進んだ大開発は同世紀末にはほぼ限界に
達した。開発が限界に達したことに社会が対応するのに、15 世紀半ば
までの数百年を要した。南北朝の動乱もこの社会の適応過程に対応する
ものであった。

　荘園の下司・地頭として下地を管理した在地領主は、分割相続により
所領を子女に分割し、開発を促進した。しかし、12 世紀後半に土地開
発が限界に近づくと、分割相続を維持することが困難になってきた。分
割相続は、開発可能な土地の拡大が継続することを要したから、土地の
拡大が限界に近づけば、分割相続を継続することも困難になる。限られ
た土地を相続する者は限られることを要し、土地相続をめぐって兄弟姉
妹が争わなければならなくなった。

　12 世紀末からの内乱は敗者の土地を勝者にもたらすことによって、下
級領主レベルでの分割相続の限界を先延ばしにする効果を持った。また
逆に、土地再分割の要求が内乱の要因ともなった。鎌倉幕府の成立後も、
朝廷との間に勃発した承久の乱（1221）や、幕府内部の相次ぐ政争が
同様の効果をもたらしたが、1247 年（宝治元）に最大の豪族三浦氏が
新興の北条・安達両氏に滅ぼされたことが、大規模な土地再分割の最後

の機会となった。これ以降、鎌倉幕府が滅亡して北条氏所領が再配分の対象となるまで、土地再分割の機会は失われた。

遺跡相論

　土地の大規模開発が限界に近づいたことは、土地の相続をめぐる兄弟姉妹間の対立を惹起することになった。この対立を解決するために一方では戦争という手段が使われたが、他方、平和時には裁判という手段が使われた。土地の相続をめぐる係争のことを遺跡相論と呼んでいる。戦争のなかから誕生し、戦争を終わらせることによって確立した鎌倉幕府には、土地をめぐる裁判を進めることが期待された。源頼朝以来3代の将軍をめぐる政争と、その政争のなかから発展してくる北条氏による執権制は、土地をめぐる裁判を合理的に行うシステムを模索することと関係していた。

　土地をめぐる兄弟姉妹間の訴訟に対して、法にもとづく判断が行われる限りは、分割相続の慣習が尊重されざるをえなかった。そのために土地の分割が限度を超えて行われ、領主支配そのものが解体してしまう場合も多くみられた。鎌倉幕府が滅亡して裁判による解決が期待できなくなり、弱肉強食の内乱が半世紀以上続くなかで、分割相続の慣行が克服されて単独相続が主流となり、またその過程で、女性の相続権が制限されるようになった。しかし単独相続の確立は兄弟対立の解消を意味しなかった。分割相続から単独相続に移行する時期の兄弟姉妹間の争いは、それぞれ応分の配分を求める争いであったが、単独相続が確立した後には、すべてを相続するか何も相続しないかの択一であったから、すべてを相続する単独の地位をめぐって、兄弟がより激しく争うことになったのである。

4．内乱の長期化

南朝存続の条件

　南北朝の並立は 1392 年（明徳 3・元中 9）まで続き、その間、北朝
では後光厳天皇に続いて後円融・後小松の 2 代が、南朝では後村上天皇
に続いて長慶・後亀山の 2 代が皇位についた。

　1352 年（観応 3）に北朝が再建された後、南朝は北朝に対抗する勢
力を持たなかったが、それにもかかわらず南朝がその後 40 年間も命脈
を保ったのは、諸大名が対立し、一方が幕府の主導権を握ると、排除さ
れた方が南朝に帰順したからである。山名時氏は幕府の要職を務めた人
物であるが、1353 年（文和 2）6 月に南朝の楠木正儀と結んで足利義
詮を追い落として一時京都を占領した。

　1355 年（正平 10）の正月には、足利直冬が南朝軍として入京した。直
冬は尊氏の子であったが、尊氏から離れて成長し、成人した後も尊氏は
対面を認めず、直義が自分の養子とした。直義が尊氏を破り、政務を掌
握していた 1351 年（観応 2）には鎮西探題に任じられたが、直義の死
後は、尊氏・義詮と対立し、観応 3 年が文和元年に改元されたのを用い
ず、翌年からは南朝年号の正平 8 年を用いた。そして 1355 年正月に南
朝軍として入京するに至ったのである。翌月、尊氏の軍勢と直冬の軍勢
が京中で合戦し、尊氏・義詮が京都を奪還し、直冬は敗走したが、直冬
はその後も南朝年号を奉じて中国地方で活動した。

　また南朝がもはや幕府にとっての脅威ではないがゆえに、幕府のほう
も南朝を壊滅させずにあえて残していた。1358 年（延文 3）に足利尊
氏が死去した後にその後継者となった義詮は 1360 年（延文 5）に自ら
出陣して南朝を攻撃し、一定の戦果をあげて凱旋した。1367 年（貞治
6）に義詮が死去すると、その子義満が 10 歳で後継者となったが、21

歳になった 1378 年（永和 4 ）に南朝攻撃に出陣して武威を示した。南朝攻撃は確実に戦果を示すことができるものであり、義詮・義満の 2 代の将軍の代替わりの軍事的セレモニーとして行われた。将軍代替わりの儀礼的性格の強い軍事行動の対象として南朝は恰好の材料であり、それゆえに南朝を壊滅させるに至る徹底的な攻撃は行われなかった。もちろん、1351 年（正平 6 ）に崇光天皇が廃された後、神器は南朝の手にあり、後光厳・後円融・後小松の 3 代は神器を継承せずに皇位に登ったから、北朝にとっては南朝の手にある神器を取り戻すことが最大の課題であり、神器もろとも壊滅させるような軍事行動をとることができなかったという面もある。

懐良親王と今川了俊

　諸大名の対立は地方にも及んだから、地方においても対立する一方が南朝を推戴する動きがあり、南朝もまたその動きを利用した。1338 年（延元 3 ）に南朝は皇子義良を陸奥に、皇子懐良を九州に派遣して地方に勢力を伸ばすことをはかった。

　懐良は 1342 年（興国 3 ）に海上から薩摩に上陸し、肥後の豪族菊池氏等の支持を得て、1348 年（正平 3 ）には菊池氏の本拠地隈府城に入り、征西府を置いて九州攻略を進めた。1359 年（正平 14）には筑後川の戦いで少弐氏の軍を破り、1361 年（正平 16）大宰府を制圧した。さらに 1368 年（正平 23）東征の軍を起こしたが、大内氏に阻まれ撤退した。

　これに対して幕府は、1370 年（応安 3 ）に今川了俊（貞世）を九州探題に任じて九州の平定に当たらせた。了俊は翌年九州に渡り、1372 年（応安 5 ）に大宰府を制圧した。懐良と菊池氏は筑後国高良山に籠って了俊と対峙したが、菊池武光・武政父子が相次いで死去すると、1374

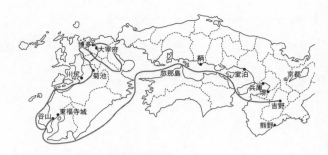

図 12 - 5　懐良親王の進路

年（文中 3）高良を放棄し、肥後国菊池に撤退した。1375 年（応安 8）
4 月、了俊が肥後国日岡に軍を進めたので、菊池武朝は菊池 18 外城の
一つ水島に陣をとり、木野川をはさんで日岡の了俊と対峙した。7 月、
了俊は水島に進み、少弐冬資・大友親世・島津氏久の来援を求めた。ま
ず親世が、ついで氏久が参陣すると、了俊は氏久に冬資の参陣を促すこ
とを依頼した。冬資は氏久の勧誘により参陣したが、了俊は冬資を殺害
した。面目をつぶされた氏久は怒って帰国したため、9 月、了俊は水島
の陣を撤した。

　水島の失敗により了俊の菊池攻略は遅れたが、1381 年（永徳元）、了
俊は隈府城・染土城を落とし、菊池武朝を没落させた。

　了俊の九州平定により、幕府の全国支配はほぼ達成された。また幕府
は北朝からも権限を接収し、権力の拡大を進めた。このような幕府権力
の安定を前提として、1392 年（明徳 3・元中 2）、幕府は南朝の後亀山
天皇を上洛させ、後亀山の所持する神器を北朝の後小松天皇に譲らせた。
こうして南北二人の天皇の並立は解消された。

202

参考文献

榎原雅治『シリーズ日本中世史 3　室町幕府と地方の社会』（岩波書店（岩波新書）、
　2016 年）
佐藤進一『南北朝の動乱』（中央公論新社（中公文庫）、2005 年）

研究課題

○鎌倉幕府・建武政権・室町幕府に共通する点と相違する点を考えてみ
　よう。

○観応の擾乱の前後で動乱の様相がどのように変化するか考えてみよう。

13 │ 室町殿の時代

金子　拓

《目標＆ポイント》　南北朝合一後から応仁・文明の乱に至る時期（14世紀末から15世紀半ば）まで、室町将軍でいえば義満・義持・義教の時期の政治史について考える。
《キーワード》　足利義満、足利義持、足利義教、日本国王、寺社本所領

1．足利義満の政治

室町殿の時代

　本章では、室町幕府第三代将軍の足利義満（よしみつ）から、彼の子にあたる第六代将軍義教（よしのり）の治世に至る政治的動向についてみてゆくことにする。

　義満は1358年（延文（えんぶん）3）、室町幕府第二代将軍足利義詮（よしあきら）と石清水八幡宮の祠官善（しかんぜん）法寺通清（ほうじつうせい）の娘良子の間の子として京都に生まれた。義詮はこの年の12月に征夷大将軍に任ぜられた。義詮は1367年（貞治（じょうじ）6）に38歳で世を去る直前に10歳の義満に家督を譲り、足利氏一族で、当時讃岐の分国にあった細川頼之（よりゆき）を管領（かんれい）に任じて、幼い嗣子の補佐役とした。

図13-1　足利義満像

　義満は、1366年に従五位下（じゅごいのげ）に叙されて以降、朝廷公家の一員として順調に昇進を重ねる。1380年（康暦（こうりゃく）2）には従一位、翌1381年（永徳（えいとく）

元）には内大臣に叙任された。祖父尊氏と父義詮は正二位権大納言が最高位であったから、官位の上では、義満は20代の若さで二人を超えたことになる。

　内大臣に任ぜられた1381年に、造営していた「花の御所」が完成し、ここを拠点に政務を行うことになる。花の御所は京都の室町通に面したことから、この御所の場所にちなんだ「室町殿」がそこを拠点とする権力者の呼称となった。以降、将軍在任の有無に関係なく（つまり家督を子息に譲り「大御所」として政務を執る立場であれば）、幕府の首長である足利家の当主は室町殿と呼ばれることになる。

義満の経歴と康暦の政変

　朝廷における義満の後見役は摂関家の二条良基であった。良基の後見を得て、義満は公卿としての作法を身につけた。祖父・父が権大納言の地位にあっても公卿としての務めを行わなかったこととは対照的に、朝廷行事の上卿（儀式の責任者）を務めるなど、朝廷社会の一員としての立場を確固たるものとした。内大臣就任以降、文書の決裁に用いる花押も、「公家様」といわれる形に変えている。

　良基が義満を積極的に支えたのは、室町殿が公卿としての務めを果たすことにより、公家社会の作法をあらためて確立するためでもあったと指摘されている。朝廷側には、自分たちが属する伝統的社会の維持という課題があったのであり、その時々の権力者に依存し、共存共栄をはかろうとす

図13-2　二条良基像

図13-3　義満花押
公家様(左)、武家
様(右)

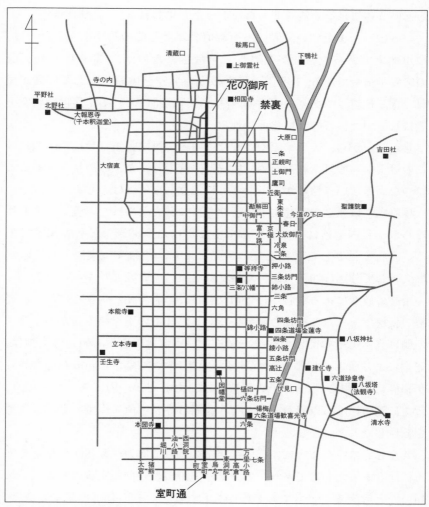

図 13 - 4　室町時代頃の京都

るという体質はその後も変わらなかったと思われる。

　いっぽう、まだ幼い義満の室町幕府将軍としての政務を支えたのは、細川頼之であった。彼が主導して発令されたのが、1368年（応安元）の応安半済令である。荘園の年貢のうち半分を兵糧米として守護が徴収できる仕組みであり、南北朝内乱という戦時において、兵糧徴収を可能にしていた慣行の制度化とされる。

　しかしながら、天皇家領や、寺社一円領・摂関家領（寺社本所領）はこの適用から除外されたため、結局は、有力荘園領主の権益を守ることにつながるという側面があったことに注意しなければならない。

　幕府内には頼之の政務主導に反感を持つ勢力があった。義詮により斥けられ、分国越前に逼塞せざるをえなかった斯波高経・義将父子である。義将を軸とした反頼之派の策動により、1379年（康暦元）に頼之は失脚して分国の四国へ退いた。これを康暦の政変と呼ぶ。

　康暦の政変による義将への管領交替は、幕府の朝廷・寺社に対する姿勢の転換であったと指摘されている。これまでの不干渉主義から、公家の側に立って所領問題の解決を図るという変化である。頼之の失脚は、守護により所領を奪われつつあった延暦寺や興福寺といった有力寺院が幕府に嗷訴したとき、その対応を誤ったことが一因であったという。新たに管領になった義将のもとで、幕府は寺社本所領保護へと基本姿勢を転換したことになる。

　しかし先にみたように、応安半済令の時点で有力荘園領主の権益を守る側面もあったわけであり、いっそう室町殿が荘園領主側の利害保護に傾いたと考えることもできるのかもしれない。この幕府の基本姿勢は、応仁・文明の乱後の足利義政、また最後の将軍である足利義昭、さらに義昭が京都から退出したあと、代わりに畿内の政治を担うことになった織田信長にも受け継がれてゆくことになるが、それはまたあとの章で触

れることになるだろう。

明徳の乱・応永の乱と南北朝の合一

　上に述べた動きと無関係ではないと思われるのが、室町幕府を武力の面から支えてきた有力守護の勢力抑制という義満の姿勢である。南北朝期において守護は、将軍から任命されて諸国に派遣される職務という性格が強かったが、次第にその地に勢力を扶植・拡大し、守護職を世襲する一族が出現してくる。

　義満は彼ら有力守護家の庶流の人間を側近に取り立てることにより、惣領家を牽制し、有力守護家の勢力拡大を抑えようとした。その結果、美濃の土岐氏や、中国地方に勢威をふるっていた山名氏の勢力が削減された。山名氏が義満に対し反旗を翻したのが、1391 年（明徳 2 ）に起きた明徳の乱である。乱後山名氏の分国であった和泉・紀伊などを与えられ、勢力を拡大した大内義弘が討たれたのが、1399 年（応永 6 ）に起きた応永の乱である。

　室町幕府は有力守護により支えられる権力体であったが、彼らの勢力拡大による将軍権力への脅威、また荘園への侵略に対し、朝廷社会の一員という立場から荘園領主権益保護を打ち出すなど、幕府は大きな矛盾を抱えながら政治を展開せざるをえなかった。

　この間義満は、1336 年（建武 3 ）に後醍醐天皇が京都を退去して以来、50 年以上にわたり南朝・北朝の二つに分裂したままであった朝廷を合体させることに成功する。1392 年（明徳 3 ）のことである。明徳の乱のおり、義満に反した山名氏が南朝と結ぼうとしたことで、南朝が反幕府勢力の拠り所となることを危険視し、義満は南北朝合一に動いたと考えられる。

　このとき南朝の後亀山天皇は義満に対し、両朝の合一にあたり三つの

条件を提示した。義満はこれを受け入れ、後亀山天皇は吉野より帰洛した。このときの条件とは、①皇位の象徴である三種の神器の受け渡しは、譲位の儀式にのっとって行う、②今後皇位は大覚寺統（南朝）と持明院統（北朝）が交互に就くことにする、③天皇家領のうち、諸国国衙領は大覚寺統、長講堂領は持明院統の支配とする、という内容であったが、結局これらの条件はその後履行されなかったという。

義満の権力

　将軍権力を脅かす有力守護家の勢力を削減し、南北朝を合一させた義満は、1394年（応永元）、将軍職を嫡男義持に譲り、人臣として最も高い官職である太政大臣に任じられた。しかしその半年後の翌1395年、太政大臣を辞し、出家して道義と号した。また居所を新たに修造した北山第に移し、ここを政務の拠点とした。

　義満の将軍と太政大臣の辞官、そして出家の理由について、これまでは官位体系の外にあって自由な立場から政治を行おうとしたからだという考え方が有力であったが、近年では、出家したときの年齢が父義詮の享年に達したからに過ぎないという見解が出され、出家に大きな意義を見いだす学説が相対化されている。

　当時院政を行っていた治天の君（天皇家の家長）後円融院は義満と同年齢であった。後円融院は、後小松天皇の生母である上臈局三条厳子と義満の密通を疑い、果ては厳子を殴打して自害しようとするといった事件を起こすなど、義満に強い反感を持っていた。

　その後円融院が1393年（明徳4）に死

図13-5　後円融天皇像

去すると、子の後小松天皇による親政となるが、このとき義満が治天の君に擬せられ、義満の意を奉じた「伝奏奉書」によって政治が行われるようになった。このため、義満が治天の君に代位し、皇位を簒奪しようとしていたのではないかという考え方が説かれたことがあった。

図13-6　後小松天皇像

しかし治天の君の意を奉じる伝奏たちは、同時に室町殿の家司でもあるという両属的な立場にあったこと、かつて後円融天皇の親政時に朝廷政務に混乱があった経験、義満の正室日野重子が後小松天皇の准母となり、義満が天皇の父に位置づけられたことで、仮に「天皇の父」としての治天の君に擬されただけであるという考え方などにより、現在では義満に皇位簒奪の意志があったことはほぼ否定されている。

上に述べてきたような過程を経て、義満の時期に形づくられた、室町殿を頂点として、伝奏を媒介に朝廷と室町幕府二つの権力が束ねられるあり方は「公武統一政権」のように称され、その後の京都を中心とした中央政権のあり方の基調となってゆく。

周辺諸国との外交の面では、義満は明との通交を志し、「日本国王准三后源道義」名義の国書を呈上し、1402年（応永9）に北山第において明使に引見、建文帝の詔書を拝領した。

この明との通交についても、「日本国王」として明の冊封体制（中国王朝が東アジア諸国と君臣関係を結んで秩序を形成するあり方）に入ることにより、明を後ろ盾として皇位を簒奪しようとしたという説があったが、このときの義満の意図はあくまで明との貿易にあり、国内に向けて「日本国王」を称したことがなかったことなどから、日明外交の点か

らも義満に皇位簒奪の意識はうかがえないと考えられている。

義満の死と義持の継承

　義満は1408年（応永15）5月に51歳で急逝する。3月に後小松天皇の北山第行幸を迎え、4月に寵愛する子息義嗣の元服を済ませたばかりであった。義嗣の元服儀は、内裏において親王に準じた儀礼で執り行われた。

　こうした権力上の絶頂期に死去したこともあり、朝廷は皇位に就いていない義満に対し、太上法皇の尊号を授与しようとした。前例に即せば、この尊号は前天皇か、もしくは現天皇の父親に与えられるものであって、朝廷の考え方としては、後小松天皇の父に準じた立場で授与しようとしたのではないかというのである。

　しかし管領の斯波義将はこれを辞退し、義満への尊号授与は実現しなかった。義満の跡を継ぎ、室町殿として政務を主導することになったのは、すでに応永元年に将軍職を譲られていた義持であったが、義持は父義満の政治路線を転換してゆくことになる。

図13-7　足利義持像

　路線転換で最も知られているのは、「屈辱的」との批判もあった日明貿易（朝貢貿易）を中止し、明と断交したことであろう。

　幕府政治のうえでは、幕政に関わる重要案件について、当時在京が原則であった有力守護たちに諮問し、彼らが集まって談合を行い将軍に意見を呈する仕組みが確立された。意見が求められたのは、細川氏・斯波氏・畠山氏・山名氏・赤松氏・一色氏・今川氏・大内氏といった諸氏で

あった。

　室町幕府が"有力守護大名の連合政権"であったといわれるのは、上のような意見具申の仕組みによるところが大きい。義満以来、室町殿権力の専制化を抑止する存在として、常に管領以下の有力守護があり、室町殿も守護たちと正面からぶつかることなく、共存を図ることで幕府権力を安定化させようとした。この時期の幕府が「将軍権力と守護権力の運命共同体」、「相互補完的関係」であったと評価されるゆえんである。

関東公方足利持氏との関係

　こうした室町幕府の体制を考える上で注目されているのが、鎌倉に拠点を置き東国（とうごく）支配を委ねられていた鎌倉府の長（関東公方（くぼう））として、義詮の弟基氏が着任して以来、代々その立場を世襲した足利氏の動向である。義持の時代は、基氏の曾孫にあたる足利持氏（もちうじ）が関東公方であった。

　1416年（応永23）、関東公方を補佐する役目として置かれていた関東管領上杉氏内部の権力争いと絡み、前関東

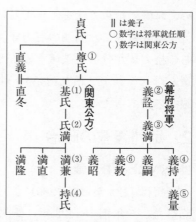

図13-8　足利氏系図

管領の上杉禅秀（ぜんしゅう）（氏憲（うじのり））が鎌倉府に反して挙兵した。禅秀に与したのは持氏の叔父にあたる足利満隆（みつたか）らであったが、義持の弟義嗣も禅秀に内通しているという嫌疑が浮上し、義嗣は出奔してその後殺害された。

　上杉禅秀の乱は持氏によって鎮圧されたが、ほかにも幕府の有力者が内通していた疑いが浮上したことにより、幕府はそれ以上の追及を止めたという。これにより幕府の政治体制の基礎が掘り崩されかねないこと

を危惧したからだと推測されている。幕府政治が将軍と有力守護の危うい均衡の上に成り立っていたことを示す好例である。

　禅秀を討った持氏は、6年後の1422年（応永29）、禅秀方の残党狩りと称し、常陸国の守護佐竹与義を殺害した。関東では持氏の権力強化を警戒する武士たちが提携し、幕府は彼らに京都御扶持衆という立場を与え、持氏を監視・牽制する役目を担わせた。

　このとき持氏の動きに対処するため、義持は有力守護たちの意見を求め、幕府としての方針を定めたという。このようなあり方に幕府政治の成熟を見る見方が提示されている。つまりは関東公方を仮想敵として定め、幕府の結束強化を図ったというのである。

　室町殿も、また周囲の有力守護たちも、事を大きくすることで自分たちの権力体が分裂し破滅することを避け、穏便に体制が維持される道を選んだ。これが「相互補完」「運命共同体」と表現される危うい均衡状態なのであった。

2. 足利義教の政治

義持の死と義教の継承

　義持は1428年（応永35）正月に危篤に陥った。5年前の1423年に嫡男義量に将軍職を譲ったものの、義量は父義持に先立ち、1425年に19歳で夭折したため、将軍不在のまま室町殿義持が幕政を主導していた。

　義持は義量没後も後継者を定めないままであったので、政治顧問的立場にあった醍醐寺三宝院門主の満済ほか重臣たちが病床

図 13 - 9　　足利義教像

にあった義持に後継者を指名するよう促した。しかし義持は、「たとえ指名したとしても、皆が受け入れなければ意味がない」と答え、指名しなかったという。

図 13-10　満済像

そこで満済が、仏門に入っていた義持の弟 4 人の中から鬮_{くじ}で選ぶことを提案し、義持もこれを了承した。ほどなく義持が没したため、石清水八幡宮の神前で管領畠山満_{みつ}家_{いえ}が 4 人の名が書かれた鬮から一つを選び、決定されたのが、天台宗の有力門跡の一つ青蓮院_{しょうれんいん}の門主義円_{ぎえん}であった。のちの義教（初名は義宣_{よしのぶ}）である。このとき義教は 35 歳であった。

思わぬめぐり合わせから将軍位に就いた義教は、いかなる政治を行ったのだろうか。まずは父義満時代の政治に帰るということをした。兄義持が断交した明との交易を再開したり、義持が簡略化した幕府儀礼を復活させたりした。対明通交の再開は、貿易上の理由が大きく、たとえば後年の 1432 年（永享_{えいきょう} 4）になると、室町殿のほか、畠山氏・細川氏ら有力守護もまた遣明船に参入している。

また、義教は幕府の裁判制度に梃入れしようとしたとされている。幕府に持ち込まれる多くの訴訟案件（大半は所領に関わるもの）を処理するために、実務官僚としての奉行人_{ぶぎょうにん}を重用し、判断の難しい問題について彼らの意見を徴した。

いっぽうで義持以来の有力守護が参画する幕政運営も継続された。ただし、それまでのような、ある守護の邸宅に集まって合議するのではなく、将軍が選んだ有力者個々に意見を聴取する諮問制へと変化した。一見室町殿の独断を抑えるあり方のようだが、誰に諮問するかは室町殿の

専権であるという意味で、少し緩やかな専制権の行使だとする見方もある。

義教政治の変化

　上に述べたような将軍就任直後の義教の政治に変化のきざしがみられるようになったきっかけは、それまで意見という形で義教の政治判断を支えていた有力者の相次ぐ死である。1433年（永享5）に斯波義淳・畠山満家、1435年に三宝院満済・山名常熙が病没した。

　これまで幕政の枢機に与ってきた彼らの死により、義教を制御する者がいなくなり、室町殿権力が専制化の道へ突き進んでいった。とりわけ畠山満家の死により、義満以来軍事的に室町殿権力を支えていた畠山家を軸とした軍事力編成が見直され、将軍直轄軍としての奉公衆の整備が行われたと指摘されている。室町殿の権力が武力によって強化されるようになったわけである。

　史料上にて「万人恐怖」と称されるような義教の専制的な政治により、多くの廷臣や幕臣が粛正・追放された。その後の政治の流れをみるうえで注目されるのが、有力守護家の家督相続に対する介入

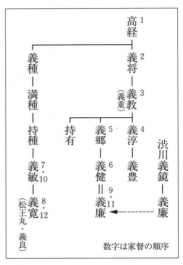

図13-11　斯波氏系図

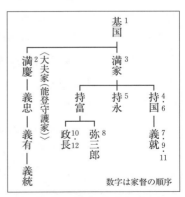

図13-12　畠山氏系図

である。

たとえば斯波義淳の没後、義教は後継者に目されていた持有を斥け、僧籍に入っていた彼の兄を還俗させ、義郷という名を与えて斯波家を相続させた。また、山名常熙没後に子息持熙・持豊のあいだで起こった家督をめぐる内紛に介入し、最終的に持豊に相続させている。

また、畠山氏の場合、満家の死後長男持国が家督を継いでいた。持国は管領であった父満家の下で義教を支えていたのだが、畠山氏の重臣たちが持国の弟持永を擁して家督交替を画策し、義教の支持を得て持国を追放することに成功した。このほか義教は大内氏の家督相続にも口出ししたとされている。

これらすべての背後に、「有力守護の勢力削減策」といわれるような、一つの目的に収斂する義教の意図があったかどうかは判然としないが、義満以来、有力守護家の勢力抑制を目的として庶家の者を取り立てたり、家督相続に介入したりすることが積み重なり、このことが、後の嘉吉の変、そして応仁・文明の乱へとつながる争いの種を胚胎させることになったと思われる。

永享の乱と嘉吉の変

関東公方持氏は、義持嗣子の義量が病死した直後、義持の養子となり、将軍位を相続したいとの希望を申し入れたという。この望みは義持に無視されたが、持氏はこの望みを放棄せず、鬮により義持の跡を継いだ義教に対して対抗意識を持っていたとされる。

このような持氏の野望を、関東管領上杉憲実は抑えようとした。1438年（永享10）に元服した持氏嫡子賢王丸に義教の偏諱（名前の一文字）を請うべしとする憲実の意見を持氏が聞き入れず、憲実が分国上野に下ったため、持氏がこれを討とうとして軍勢を派遣する。永享の乱の始

まりである。

　義教は憲実を支援するため、幕府軍を鎌倉に派遣して攻撃を開始した。同年10月に持氏は降伏して、鎌倉の永安寺に監禁されるが、翌1439年、義教の命により憲実が永安寺の持氏を攻撃し、持氏は自害する。

　嫡男賢王丸（義久）も持氏とともに自害したものの、安王丸・春王丸という賢王丸の弟二人は生き延び、1440年3月に下総の国人結城氏朝を頼って挙兵する。いわゆる結城合戦である。持氏の残党らを糾合したこの反幕府の抗戦は翌1441年まで続き、幕府軍によって鎮圧された。

　1441年（永享13）は2月に嘉吉と改元された。捕らえられた安王丸・春王丸は5月に殺害され、結城合戦は最終的な収束をみる。それを祝うため、門跡・有力守護たちはこぞって室町殿義教を自邸に招いて祝宴を催した。そのなかで発生したのが、1441年（嘉吉元）6月24日に起きた赤松満祐・教康父子による義教殺害事件、いわゆる「嘉吉の変」である。赤松邸に義教が御成したときに起きたのが、この事件であった。

足利義教没後の室町幕府

　幕府は義教を殺害し分国播磨に下った赤松満祐・教康追討のための軍勢を派遣しようとした。ところが命を受けた諸大名の動きが鈍く、追討軍の出発が遅れた。有力守護たちに対する圧迫を強めつつあった義教の死をむしろ歓迎する一面もあったからではないかと指摘されている。また、先に一族内の争いから分国河内へ追放された畠山持国が、義教没後に復帰を目論んで上洛を図ろうとしたことによる畠山家中の混乱に対処することも一因にあった

図13-13　細川持之像

とされている。

　こうした状況に直面した管領細川持之は、永享の乱のときに出された「治罰綸旨」（天皇による追討命令）を後花園天皇に請い、8 月に綸旨が出されたこともあって、満祐は 9 月に討ち取られた。

　なぜ赤松満祐・教康父子は、義教を討つことになったのだろうか。結局これも、義教による有力守護家の勢力削減策（守護家の分断政策）が原因であると指摘されている。惣領家の満祐に対抗する有力庶家を義教が重用しようとしたとの噂があり、満祐が先手を打って義教を殺害したのではないかというのである。室町殿を有力守護家が支えるという仕組みによって維持されてきた幕府体制が、室町殿権力の専制化により破綻をみせ始める。室町殿権力の強化と有力守護の抵抗という相克の構図は、その後も幾度となく繰り返されることになる。

参考文献

石原比伊呂『室町時代の将軍家と天皇家』（勉誠出版、2015 年）

石原比伊呂『足利将軍と室町幕府　時代が求めたリーダー像』（戎光祥出版、2018 年）

石原比伊呂『北朝の天皇　「室町幕府に翻弄された皇統」の実像』（中公新書、2020 年）

今谷明『室町の王権』（中公新書、1990 年）

今谷明『戦国大名と天皇　室町幕府の解体と王権の逆襲』（福武書店、1992 年）

小川剛生『足利義満　公武に君臨した室町将軍』（中公新書、2012 年）

桜井英治『日本の歴史 12　室町人の精神』（講談社、2001 年）

末柄豊「応仁・文明の乱」（『岩波講座日本歴史　中世 3』岩波書店、2014 年）

富田正弘「室町殿と天皇」（『日本史研究』319、1989 年）

新田一郎『日本の歴史 11　太平記の時代』（講談社、2001 年）

森茂暁『室町幕府崩壊　将軍義教の野望と挫折』（角川選書、2011 年）

弓倉弘年『中世後期畿内近国守護の研究』（清文堂、2006 年）

研究課題

○足利義満から、義持・義教へと至る室町殿の政策は、前の時代に戻ろ
うとする復古的性格と、前の時代の施策を否定しようとする動きによ
り常に変化していた。なぜそうした変化があったのかを考えてみよ
う。

○室町殿による政治は、将軍専制への志向と、有力守護による合議で幕
府を継続させようとする考えの相反する二つが常にせめぎあってい
た。それぞれの考えの歴史的背景を押さえながら、流れを整理してみ
よう。

14 | 室町幕府の分裂から戦国時代へ

金子　拓

《**目標＆ポイント**》　畿内では応仁・文明の乱を経て室町将軍権力が分裂し、それとともに管領細川家も分裂して、それぞれが入り乱れながら権力抗争が続いた時期（15世紀半ばから16世紀前半）、室町将軍でいえば、義勝から義晴に至る時期の政治史について、各地域の戦国大名の独自の動きも視野に入れつつ考える。

《**キーワード**》　応仁・文明の乱、足利義稙、足利義澄、大内義興、細川京兆家

1.　嘉吉の変後の幕府政治

足利義勝の相続・病死と同義政の相続

　本章では、嘉吉の変により室町殿足利義教が殺害されたあと、応仁・文明の乱を経て室町幕府が分裂するに至る政治過程をみてゆくことにする。

　義教没後、その跡を継いで将軍となったのは、9歳の長男義勝（千也茶丸）であった。1442年（嘉吉2）に元服し将軍宣下を受けた。しかし義勝は翌年病死してしまった。次に足利家の家督を継いだのは、弟の

図14-1　足利義勝木像

図14-2　足利義政像

義政（三春）である。義政は義勝の2歳年少にあたるので、このとき8歳である。

　嘉吉の変のときの管領であった細川持之も1442年に没していたため、幼い室町殿義政を支えたのは、持之の跡を受け管領に就いた畠山持国であり、政務のあり方は、義持の時期における大名の合議制が理想とされたという。

畠山家と斯波家の内紛

　近年の研究では、義政の初政を支えた畠山持国の後継者をめぐり、畠山家中でふたたび発生した内紛が、のちの応仁・文明の乱の火種となったことにあらためて注目されている。

　持国には子がおらず弟持富を養子にしていたが、1437年（永享9）に実子が誕生したことにより、その子に家督が譲られることになった。彼が後に応仁・文明の乱の一方の当事者となる畠山義就（次郎・義夏）である。義就は1450年（宝徳2）に家督を相続した。

　持富は1452年に死去したが、その2年後の1454年（享徳3）、畠山氏の重臣神保越中守らが持富の遺子弥三郎を家督に立てようと動いた。しかしこの企ては未然に発覚し、越中守は持国によって誅殺される。これ

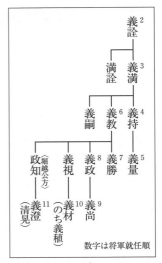

数字は将軍就任順

図14-3　足利氏系図

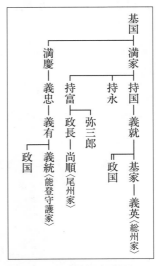

図14-4　畠山氏系図

に対し弥三郎を支持する畠山家中の武士たちが持国第を襲撃して、持国・義就父子は京都脱出を余儀なくされる。弥三郎派の者を匿っていたのは、山名持豊・細川勝元であった。

　山名持豊は、前章で述べたように義教の介入により山名 常熙没後山名氏の家督を相続していた。勝元は細川持之の嫡子として持之没後に細川氏の家督を相続し、管領の職にあった（当時 25 歳）。持豊の養女を正室としているため、二人は義理の親子の関係にあった。

　畠山氏の家督には、1454 年の騒動時いったん弥三郎が収まったものの、その後畠山持国・同弥三郎が没し、義就の畠山家家督への復帰、弥三郎の弟政長の奪取と二転三転した。詳しく触れることはできないが、この一連の騒動のなか、将軍義政・管領勝元・山名持豊の三者の関係に亀裂が入ったとされる。

　畠山氏の騒動の少しあとには、畠山氏と同じく管領を務める家柄の一つ斯波氏でも家中に混乱が生じた。義教の時代に幼くして家督を継いだ義健が若くして没した後を継承した一族の義敏およびその父持種と、重臣の越前守護代甲斐 常治との間に対立が起きたのである。

　1458 年（長禄 2）には、義敏と常治の対立により義敏が出奔する。このときは義政の命により和睦が成立したが、翌 1459 年、関東への出兵を命ぜられた義敏がその兵をもって常治を攻めようとする事件が起きた。その結果義敏は家督を追われ、ほどなく斯波氏は、重臣たちの支持を得た足利氏一族渋川義鏡の子義廉が継ぐことになった。

義政の政治と文正の政変

　義政の政治方針は、父義教の施政への回帰だったとされる。この考えのもと、公家・諸門跡の不知行 地を還付するという義満・義教以来の政策を実行するが、これは逆に、彼らの所領を侵食しつつあった守護の

動きを牽制することでもあった。守護権力の抑制は、将軍権力の専制化
へつながることに注意しなければならない。

　また、義政にも後継者の問題があった。男子のいなかった義政は、1464
年（寛正5）、出家して浄土寺門跡となっていた3歳下の弟義尋を還俗
させ、後継者とするつもりで養子としていた。これが義視である。とこ
ろが翌1465年、正室日野富子が男子（のちの義尚）を出産したことに
より、次期将軍をめぐり、義視を推す人々とこれに反対する人々との間
で対立が生じることになる。

　義視の将軍継承に反対する中心となったのは、「室町殿御父」と呼ば
れる立場にあった政所執事伊勢貞親であった。政所は幕府の財政を所
管する機関であり、伊勢氏は代々この執事職を世襲していた。義政によ
る守護勢力の抑制は、とりもなおさず将軍権力の専制化、側近を重用す
る政治へとつながることになり、その中核にあったのが貞親らの勢力で
あった。

　こうした伊勢氏の台頭と、上に述べたような畠山氏・斯波氏の内紛が
絡んで、幕府内部で政治対立が起きた。1466年（文正元）、貞親は斯波
義敏の家督復帰を画策し、義政を動かすことに成功する。家督を逐われ
た義廉は岳父の山名宗全（持豊）に支援を求め、管領細川勝元も義廉を
支持するに至る。

　さらに同年9月、貞親は義政に対し、義視に謀反の疑いありと讒言し
た。この結果、義政は義視に討手を差し向ける。驚いた義視は宗全・勝
元に助けを求め、二人の擁護によって逆に貞親・義敏らが京都から落ち
延びることになった。いわゆる「文正の政変」である。この騒動の結
果、義政は幕政の主導権を喪失して、義視が事実上の将軍として政務を
行い、宗全・勝元ら有力守護がそれを支える体制が一時的にできあがっ
たとされる。

2．応仁・文明の乱

戦いの開始・大内政弘の上洛

　文正の政変により室町殿義政の求
心力は低下したかたちとなったが、
後世の記録（『応仁記』）によれば、
義政は、義視に対して何ら意趣は持
ち合わせていないという起請文を
出したため、義視は自邸に帰ったと

東軍	西軍
細川勝元	山名宗全
畠山政長	畠山義就
斯波義敏	斯波義廉

図 14 − 5　応仁・文明の乱勃発時の
　　　　対立構図

されている。その後勝元らは義政に出仕し、太刀を進上した。義政と義
視に対立がないことが世の中に示されたのである。

　文正の政変後、室町殿の後継者をめぐる争いが収束したかのようにみ
えたのもつかの間、翌文正 2 年（応仁元＝1467）正月に事件が起こる。
畠山政長（当時管領）に家督の座を逐われ、畠山氏の分国河内において
抗戦を続けていた義就が前年末に上洛し、この正月、宗全第を借り義
政・義視兄弟の御成を迎える亭主となった。

　そして義政は、政長に対し邸宅を義就に明け渡すよう命じた。義政は
宗全・義就を支持したことになる。義就らの企てを細川勝元は知らされ
ていなかったという。これに対して政長は義政の命を拒み、自第に放火
し上御霊社に陣を布いたが、義就の軍勢により攻撃を受け撃破された。
ここに応仁・文明の乱の火蓋が切られた。

　ここで緒戦における対立構図を整理すれば、山名宗全・畠山義就の側
には、前年斯波氏の家督を逐われた宗全の娘婿斯波義廉がつき、義廉は
政長の後を受け管領となった。いっぽうの政長には、宗全に出しぬかれ
たかたちとなった細川勝元や斯波義敏が味方し、播磨において宗全と敵
対的関係にあった赤松政則らがこれを支持した。宗全らの陣所が西に位

置したため、当時の人々は宗全らを「西方」（西軍）、勝元らを「東方」（東軍）のように呼んだ。

　両軍が激突したとき、室町殿義政と義視はいかなる立ち位置にあったのだろうか。4月頃には、義政と室日野富子および義視は管領義廉第に御成するなど、西軍が彼らを担いでいた。ところが6月になって、勝元は義政から将軍の御旗を賜ることに成功

図14-6　日野富子木像

した。勝元が義政の命を受けて宗全らを討伐するという構図になったのである。義政は義視の鎧始の儀を行い、宗全討伐軍の大将とした。また御内書（将軍の発する文書）を出し、西軍の諸将を誘ったという。

　敵方に将軍の御旗が下されたことにより動揺が走った西軍を立て直したのは、周防・長門などの守護大内政弘であった。政弘は軍勢を率いて5月に分国を出立し、8月に入京した。大内政弘は、伊予の河野氏に対する支援の問題や、明との貿易をめぐる問題により勝元と対立していたという。

義視の帰洛と幕府の分裂

　ここで気になるのは義視の動きである。1467年（応仁元）5月に義政は伊勢貞親を京都に帰参させた。貞親は先に述べたように義視に謀反の疑いありと義政に讒言した人物である。その後、大内政弘が入京した直後の8月23日、義視は突如伊勢に落ちていった。義視は6月に、宗全方に内通した疑惑のある侍女を御所から追放し、幕府奉行人飯尾為数父子を成敗したので、西軍を敵視していたとみられる。

　このため、政弘入京による西軍の報復を恐れたのではないかと説かれ

ており、そう考えるのが自然であろう。しかしそのいっぽうで、落ちた
先の伊勢は守護が西軍方の一色義直であり、伊勢国司北畠教具の子政郷
が山名方に通じていたこともあって（ただし父教具は義政を支持）、実
は西軍合流の目を探るためだったのではないかとも指摘されている。後
者のように考えるとすれば、義政が貞親を帰参させたことが一因であっ
たといえそうである。

　伊勢にあった義視は、翌 1468（応仁 2）9 月、義政の説得に応じて帰
洛した。この時義視は、富子の兄日野勝光を排斥するよう義政に申し入
れたとも、勝元が義視に出家を勧めたともされ、かならずしも優遇され
たわけではなかった。さらに閏 10 月には貞親が幕府に再出仕したこと
により、義政と義視の関係が悪化したともされる。これらのことが積み
重なった結果、11 月に義視は西軍に与することになる。

　これによって西軍諸将は義視を将軍と仰ぐこととなり、義視は御内書
を発して将軍としての意思を示した。幕府は二つに分裂してしまう。結
果的にこのときの将軍家の分裂、ひいては幕府の分裂は戦国時代にまで
尾を引き、幕府を衰亡に導くことになったのである。

応仁・文明の乱の終息

　東西両軍の軍事的衝突の場は京都であったため、またたく間に京都の
町は焼け野原になった。両軍の数年にわたる対峙のすえ、和睦への道筋
が世の中にみえてきたのは 1472 年（文明 4）頃のようである。宗全・
勝元が和睦の話を進めているようだという話のあるなか、勝元が養子と
していた一族細川持春の子六郎（勝之）が出家した、勝元は家臣ともど
も髻を切った、宗全は切腹を図った、などの噂が流れたこともあった。

　結局宗全と勝元が正式に和睦する機会は訪れず、翌 1473 年 3 月に宗
全が 70 歳で、5 月に勝元が 44 歳で相次いで病没する。勝元の跡を継い

だのが、宗全の養女を母とした聡明丸（のちの政元^{まさもと}）であったことが、
山名氏・細川氏の接近を示す。宗全の跡を継いだ政豊^{まさとよ}と聡明丸との間に
和議が結ばれたのは、翌 1474 年 4 月のことである。

　ただしこれは応仁・文明の乱の終結を示すものではない。この和議
は、大内政弘ら西軍諸将にも報告された反面、軍事的衝突の一因となっ
た畠山義就には伝えられず、義就は東軍に対する攻撃をやめなかった。
また、大内政弘にとっても、彼の敵は、日朝貿易や瀬戸内海海運をめ
ぐって競合的立場にあった細川勝元であったとされ、細川氏・山名氏が
和睦したからといって、いくさをやめて分国に引き揚げる理由はなかっ
た。

　しかしその政弘は、同じ年の 9 月頃、九州において菊池氏や大友氏が
挙兵したことを警戒し、日野勝光を通じて帰国の意思を示したとされ
る。政弘が上洛した翌年の 1470 年（文明 2）には、政弘の叔父大内教幸^{のりゆき}
が東軍に応じて挙兵したこともあり、政弘の長期にわたる不在は、分国
やその周辺で反政弘の武士たちの動きを活発化させた。

　最終的に応仁・文明の乱が終息したのは 1477 年 11 月のことである。
西軍の中核であった義視が土岐成頼^{しげより}を頼り、その分国美濃に、畠山義就
は河内に移り、大内政弘も分国周防へと帰っていった。義政は政弘に対
して、下向を神妙であると喜ぶ御内書を送っている。

応仁・文明の乱後の変化

　応仁・文明の乱が起きたことによる政治・社会の変化については様々
な指摘がある。いくさの面では、足軽^{あしがる}と呼ばれる軽装の武士の出現によ
り、物資集積地などへのゲリラ的攻撃が発生した。慢性的な飢饉状況に
あえぐ周辺村落から都市に流入して形成された都市下層民が銭で雇用さ
れたのが彼ら足軽だったという。また、城郭的な構築物が出現したこと

による戦闘の膠着化も指摘されている。

　先に大内氏の分国における紛争を挙げたように、戦乱が地方へと波及していったことも注目されている。幕府が二つに分裂し、管領を務める斯波氏や畠山氏が二つに分かれて争ったように、地方の守護・国人の家内部にあった潜在的な分裂の種がこれを機に表面化し、軍事的な衝突を発生せしめた。

　それと関係して、それまで室町殿による政治を支えてきた有力守護による合議制という体制も崩壊した。合議制を支えていた守護の在京原則が戦乱によってなし崩しになり、有力守護たちはそれぞれの分国に下り、その地で勢力扶植を図るようになった。結局彼らの家から、あるいは彼らの家臣のなかから戦国大名に発展する者が出ることを考えると、やはり戦国時代の端緒は応仁・文明の乱であると考えられる。

　各守護家内部では、家臣の有力者である守護代層が台頭したことも指摘されている。斯波氏や畠山氏のように、応仁・文明の乱の原因となった家督争いは、有力家臣の団結（一揆）による支援がゆくえを大きく左右することになった。それまで守護の家督継承は室町殿の承認を得ることが原則となっていたが、むしろ家臣の支持が大きな要素となったのである。このために守護たちは在国を志向するようになったとされる。室町殿の権威が低下し、逆に実力による所領支配が容認される時代となり、戦国時代に一歩近づいたことになる。

　応仁・文明の乱が終結した翌年 1478 年（文明 10）3 月、義政は寺社本所領返還政策に再着手したとされる。義満以来の室町幕府政策の基調であると再三述べてきた政策である。義政は戦乱のなかで守護が押領してきた寺社本所領を返還させようとしたが、従う者は多くなかった。義満が公武の一体化を目指し有力荘園領主を保護する立場をとり、この方針は、守護たちの支持を失わせることにつながる。繰り返すが、この構造は、

室町幕府将軍権力が抱えていた根本的な矛盾であると指摘されている。

■**史料　足利義政による寺社本所領返還政策**

東福寺領諸国所々（目録別紙にあり）の事、還補せしむところなり。早く元の
ごとく領知を全うせらるべきの状くだんのごとし。

　　　　　　　　　　　　　　　　　　（義政）
　　文明十年三月十五日　准三宮（花押）

　　　長老

《現代語訳》　東福寺領諸国所々（場所の目録は別紙に記載）について、東福寺
に返還する。早くもとのように支配を行うように。

（典拠：『東福寺文書』）

3．細川京兆家による政治

足利義尚の将軍就任

　義政の嫡子義尚は、1473年（文明5）に9歳で元服し、征夷大将軍
となった。1479年には、判始・評定始を行い将軍による政務執行の
ための条件を整えたものの、幕政の実権は室町殿である父義政が握って
いた。これに不満をおぼえた義尚は、1480年に髻を切って遁世しよう
としたが、伊勢貞親の子で父から政所執事を受け継いだ貞宗により諫止
された。

　義尚は1482年に義政より政務を委譲された。将軍権力の専制化を志
向する義尚は、将軍直属の軍事力である奉公衆を重用し、これが法曹実
務官僚である奉行人たちとのあいだで対立を生むことになる。不満を抱
いて集団で出家に及んだ奉行人たちを説得したのが義政であり、また、
細川勝元の没後家督を継いでいた嫡子政元であった。

　義尚は1487年（長享元）、近江の守護六角高頼を討つため出陣す

る。寺社本所領が守護に押 領されること
が多発したため、まず近江の守護六角高頼
を「退治」し、知行地を還付するという理
由である。しかしこれは表向きの理由であ
り、真の狙いは奉公衆が高頼の横暴を訴え
た（奉公衆の所領を奪った）ことをきっか
けに、近江に出陣することにより、奉公衆
の再結集を図ろうとしたことにあると指摘
されている。

図 14 - 7　細川政元像

　当初高頼は政元を通じて弁明に努めたものの、義尚はこれを聞き入れ
なかったという。高頼の弁明を取り次いだ政元は、義尚に供奉して近江
まで出陣したが、この出陣には消極的だったとされている。義尚は近江
の鉤に陣し、政元が坂本に戻るよう説得しても拒絶して長く滞在し続け
た。結局、義尚はこの滞在中に健康をそこない、1489 年（長享 3 ） 3
月、25 歳で病没するのである。

義尚没後の将軍職

　義尚には子がなかった。彼の葬儀が営まれた直後の 4 月、応仁・文明
の乱後美濃に逼塞していた義視とその子義材が焼香のため上洛してく

る。義材は義尚の 1 歳下の 24
歳、従弟にあたる。義材は、子の
ない義尚の養子として近江に出陣
する準備を進めていたが、出陣直
前に義尚が没したのだという。

　その後将軍職が空位の期間を
経て、1490 年（延徳 2 ）正月に

図 14 - 8　足利義稙（義材）木像

義政も死去するに至って、同年7月に義材が征夷大将軍に任ぜられ、父義視がその後見となった。もとより義尚の跡目をめぐっては、義政・富子夫妻は義材を推していたが（義材の生母は富子の妹日野良子）、義政の没後、富子と義視の関係が悪化する。富子の所領を義視が押領したため富子が不満を持ち、政元と密談して、義政の庶兄政知の子で、天龍寺香厳院の僧侶となっていた清晃を擁立しようとしているという噂が流れたほどだった。義材将軍就任以前の4月のことである。

　さらに悪いめぐり合わせが義材を襲う。この年10月に母良子が、翌1491年正月には父義視が世を去る。富子や政元と折り合いが悪いうえ、政所執事伊勢氏はもともと父義視と対立的な関係にあった。後ろ盾を失った義材は、義視と近い関係にあった公家や奉公衆・奉行衆を重用することになったとされる。この義材の志向は、のちに政元による将軍更迭劇（明応の政変）を引き起こすことになる。

細川京兆家の政治

　ここで、この時期の細川家についてみてゆこう。細川家は、足利義満を支えた頼之以降、代々管領の重職を務め、室町幕府の枢要に位置した。応仁・文明の乱前後における勝元の役割をみてもそれは明らかである。

　細川家の惣領家は、家督が代々右京大夫の官職に任じられていたことから、その唐名により京兆家と呼ばれた。細川家は、阿波守護家・備中守護家・和泉上下守護家・淡路守護家・伊予分郡守護家などの庶家に分かれ、瀬戸内海域の国々の守護職を一門で分有していた。彼ら細川一族は、他の家のように分裂して対立することは少なく、惣領家たる京兆家の統制の下、「同族連合」と呼ばれるあり方を維持していた。

　ところが応仁・文明の乱によりこの体制に亀裂が入った。阿波守護家

では、家督政之が、阿波出身の家臣三好之長を重
用したため、それまで京兆家と阿波守護家を結ん
でいた内衆（家臣）たちの反発を招いた。また
備中では、同国内に所在する京兆家内衆の所領を
備中守護家が押領したことにより、京兆家と備中
守護家が対立するに至ったとされる。

　これによって庶流家を束ねる京兆家の統制力が
弱まったため、他の有力守護家が京都を離れ分国
に下るなか、政元は畿内近国に位置する京兆家の
分国摂津・丹波の維持を軸に、京都にあって畿内
を領国化するという志向を抱いた。

　応仁・文明の乱後、なお山城国で対峙を続けて
いた畠山義就・政長両軍に対し、1485 年（文明
17）、山城からの撤退を求める武士たちが蜂起し
た。いわゆる山城国一揆である。このとき蜂起
した武士たちの多くが政元の被官であったとさ
れ、この動きは、政元による山城の領国化を意味

図 14 - 9　細川氏系図

するという指摘もある。また政元は、分国摂津・丹波からの奉公衆の排
除を図ったともされ、これは奉公衆を軸とした将軍権力の強化を進める
義尚や義材との対立を必然的に促すものであった。

明応の政変

　かくして起きたのが「明応の政変」である。1493 年（明応 2）2 月、
義材は畠山政長とともに、同義就の跡を継いだ基家を討つため河内に出
陣した。政元は基家と通じていたため、この出陣に供奉せず京都に残
り、4 月、義材の出征に乗じて清晃を擁立し、義材を室町殿の座から引

232

きずり下ろした。清晃は還俗して
義遐と名乗る。のちの義高（さら
に義澄と改名）である。義澄は翌
1494年12月に元服し、征夷大将
軍に任ぜられた。

義材は帰洛後政元の内衆上原元
秀第に幽閉されていたが、ほどな
く脱出し、畠山氏の分国である越

図14−10　足利義澄木像

中に逃れて、同国の守護代神保氏を頼り、放生津（現射水市）に御座
所を構える。そこでは畠山氏をはじめ、北陸の有力守護・国人である越
前の朝倉氏、加賀の富樫氏、越後の上杉氏が協力したとされ、義材を戴
くもう一つの幕府が越中に出現した。応仁・文明の乱を経て、幕府が再
分裂したことになる。

明応の政変は、細川京兆家が畿内を領国化してゆく過程で起きた事件
とする見方が有力である。これにより室町殿を支えた奉公衆も二つに分
裂し、将軍権力は弱体化した。さらに、義満期以来細川家と競うように
して室町殿を支えた重臣であり、応仁・文明の乱における軍事的対立の
中核ともなった畠山氏の勢力がこれを機に衰退したとも指摘されてい
る。政長は明応の政変直後に政元に攻められて自害し、その跡を継いだ
子の尚順は紀伊への没落を余儀なくされた。前述のように畠山家は政元
と結ぶ基家が家督となっていたが、実質的に京兆家に臣従することに
なったからである。

京兆家の分裂・政元殺害

みずからの実力で将軍を交替させることに成功した政元であったが、
前述のように細川家も一枚岩ではなくなっていた。そもそも政元には実

子がおらず、京兆家の跡目が問題であった。彼は 1491 年（延徳 3 ）、前
関白九条政基の子を養子に迎えている。聡明丸、のちの澄之である。明
応の政変により政元が将軍に擁立した義澄の母と澄之の母は姉妹、つま
り義澄と澄之は従兄弟という関係であった。

これに加えて、1503 年（文亀 3 ）に政元は、有力庶家である阿波守
護家細川義春の子澄元を養子とした。この背景には、政元と京兆家の有
力内衆たちとの間での対立があったと指摘されている。

澄之は、京兆家分国の守護代を務めるような有力内衆たちの支持を得
ていた。これに対し、澄元の背後には、澄元の祖父で阿波守護家の長老
成之や、阿波守護家内部で台頭してきた三好之長、さらに赤沢氏といっ
た比較的新参の京兆家内衆があったという。政元は細川家譜代の内衆で
はなく、新参の内衆を重用して専制化を志向した。政元も当初は阿波守
護家と対立していたが、二つに分裂していた畠山家が和睦し義材方につ
くなど、畿内の雲行きが怪しくなってきたことで、阿波守護家から養子

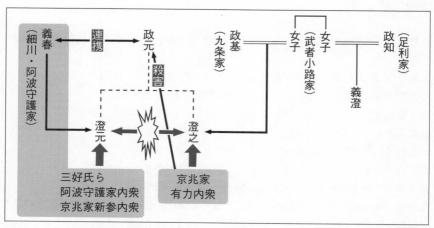

図 14 - 11 　細川政元の跡継ぎをめぐる対立構図

（澄元）を迎え、京兆家と阿波守護家の連携を模索した。

　このなか、1507年（永正4）6月、山城国守護代の立場にあり、澄之を支持していた内衆香西元長により政元は殺害される。42歳であった。この事件は「永正の錯乱」と呼ばれている。これが京兆家内部に澄之方と澄元方の決定的な対立をもたらし、京兆家が二つに分裂してゆくきっかけとなった。そしてすでに分裂していた将軍家と複雑にからみ合いながら、16世紀の政治史を動かしてゆくことになる。

　跡目相続に端を発した家中の分裂、側近を重用して専制化を志向する主と、それまで集団で主君を支えてきた家臣たちとの対立による下剋上的な動き。戦国時代の到来といって過言ではない。室町将軍家だけでなく、それを支える有力守護家がそれぞれに分裂と対立を繰り返し、離合集散しながら政治を動かしていったのが、応仁・文明の乱以降の武家社会の内実であった。

参考文献

天野忠幸『列島の戦国史4　室町幕府分裂と畿内近国の胎動』（吉川弘文館、2020年）

天野忠幸『三好一族―戦国最初の「天下人」』（中公新書、2021年）

今谷明『戦国三好一族　天下に号令した戦国大名』（洋泉社MC新書、2007年）

木下昌規『足利義晴と畿内動乱　分裂した将軍家』（戎光祥出版、2020年）

久留島典子『日本の歴史13　一揆と戦国大名』（講談社、2001年）

黒嶋敏「足利義昭の代始め徳政」（『日本歴史』886、2022年）

呉座勇一『応仁の乱　戦国時代を生んだ大乱』（中公新書、2016年）

桜井英治『日本の歴史12　室町人の精神』（講談社、2001年）

末柄豊「細川氏の同族連合体制の解体と畿内領国化」（石井進編『中世の法と政治』吉川弘文館、1992年）

末柄豊「応仁・文明の乱」（『岩波講座日本歴史　中世3』岩波書店、2014年）

馬部隆弘『戦国期細川権力の研究』（吉川弘文館、2018 年）

浜口誠至『在京大名細川京兆家の政治史的研究』（思文閣出版、2014 年）

平野明夫編『室町幕府全将軍・管領列伝』（星海社新書、2018 年）

古野貢『中世後期細川氏の権力構造』（吉川弘文館、2008 年）

森茂暁『室町幕府崩壊　将軍義教の野望と挫折』（角川選書、2011 年）

山田康弘『足利義稙　戦国に生きた不屈の大将軍』（戎光祥出版、2016 年）

弓倉弘年『中世後期畿内近国守護の研究』（清文堂出版、2006 年）

研究課題

○応仁・文明の乱が発生し、拡大するに至った理由にはさまざまなこと
　が考えられるが、本章で述べた政治史の流れから、どのような理由が
　挙げられるかを考えよう。

○応仁・文明の乱発生・拡大の背後にある将軍家や有力守護家の分裂
　は、その背後に武士社会のあり方に関する考え方の変化に根ざすとこ
　ろがあった。それが結果的に戦国時代の下剋上の考え方へとつながる
　ことになる。室町時代から戦国時代へとつながる考え方の変化を押さ
　えよう。

15 │ 室町殿から「天下人」へ

金子　拓

《**目標＆ポイント**》　管領細川家の分裂により台頭した阿波三好氏による政権運営が始まった時期から、将軍義輝の暗殺を経て、織田信長に支えられた足利義昭の上洛による幕府復興、そして義昭と信長の対立による義昭の追放に至る時期（16 世紀半ばから後半）について、室町将軍とは別の立場で畿内を統治する権力体である「天下人」という立場に注目して、政治の推移を考える。
《**キーワード**》　足利義輝、三好長慶、足利義昭、織田信長、天下静謐

1．分裂した将軍家・京兆家の相克

細川澄元・澄之の対立から京兆家の分裂へ

　細川澄之を京兆家家督として擁立しようとした香西元長らにより、細川政元が 1507 年（永正 4）6 月に殺害された（「永正の錯乱」）。細川澄元と三好之長は近江甲賀郡に落ちていったという。翌月丹波にあっ

図 15 − 1　細川澄元像

図 15 − 2　細川高国像

た澄之が上洛し、室町殿義澄は澄之が京兆
家の家督を継承することを認めた。

　しかし、8月になると、今度は血縁的に
京兆家に近い庶家の野州家出身である細
川高国が、同じく庶家典厩家の政賢、淡
路守護家の細川尚春らとともに澄之を攻
め、殺害に成功する。澄之を擁立した香西
元長もこのとき討死した。高国は、かつて
政元の養子となることを予定されていた人
物であり、澄之・澄元の5歳年長、24歳
であった。高国らは澄之と澄元の対立のな
かで澄元方に属しており、これによって澄
元は、三好之長らとともに逃亡先の近江か
ら京都に入り義澄に拝謁した。彼が右京大
夫に任ぜられ、京兆家の家督として認めら
れたのは翌1508年正月のことである。

　しかし之長の専横のふるまいが目立って
いたらしい。1507年8月の上洛直後、澄
元はそれに我慢できず阿波に帰国しようと
して義澄に止められるという事件があっ
た。之長はもともと澄元祖父成之の被官で
あり、阿波守護家の親頼が厚かったとい
う。

　高国はこのような澄元を見限っていたよ
うだと指摘されている。高国は1508年3
月、澄元に不満を抱き、伊勢参宮と称して

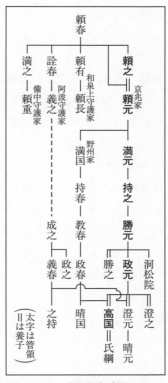

図15-3　細川氏系図

図15-4　三好之長像

伊賀に下る。そして4月になって摂津や丹波の兵を率い上洛し、澄元・之長を攻撃した。澄元らは邸宅を焼いて近江に落ちていった。

義材（義稙）の復帰と義稙政権

　また、高国の動きと呼応するように、周防守護大内義興のもとにあった義材（当時義尹）が上洛しようとしているという情報が京都に入り、室町殿義澄もまた近江へと退避した。

　明応の政変で政元に将軍職を逐われた義尹が越中に逃れたことはすでに述べた。その後義尹は再起を期して越前守護代朝倉氏を頼り越前に移るものの、朝倉氏は動こうとしなかった。そこで1499年（明応8）に河内の畠山尚順と示し合わせて越前を発し、京都を攻めようとして近江に入った。しかしそこで近江守護六角高頼と戦って敗れ、大内氏を頼って周防に落ちのびたのであった。

　義尹は周防に足かけ10年の間滞在した。そして1508年6月、京都の混乱に乗じて義興らとともに上洛し、義澄を斥けることに成功したのである。高国は和泉の堺に着いた義尹一行を出迎え、義尹は七月に征夷大将軍に復帰した。室町殿義尹の下で、細川高国・大内義興・畠山尚順らが支える政権が誕生したことになる。

　義尹は、これら自分を支えてくれる大名たちの力の均衡に意を注いだとされる。そのなか、義澄と手を結んだ澄元が京都を攻撃し、一時は義尹・高国らが丹波に逃げるということもあったが、1511年（永正8）8月、勢力を立て直した義尹は、高国や義興の軍勢を率いて入京し、京都の北にある船岡山において澄元軍と激突し、これを破った。義尹らはふたたび京都に戻ることができた。敗れた澄元が推戴していた前将軍義澄はこの月に亡くなったという。

　細川高国・大内義興という二人の実力者の均衡の上に立つ義尹の権力

基盤は常に不安定であった。1513 年 3 月に義尹は、高国・義興に不満を持ち近江に走るという事件を起こしている。このときは両人が義尹に誓書を捧げたこともあり、義尹は 5 月に京都に帰還した。

　しかし、分国を脅かす尼子氏の勢力拡大に対処すべく、義興が 1517 年に京都から去ると、この均衡が崩れた。歴代の室町殿の例に漏れず、自身の権力基盤を強化しようとする義稙（1513 年に義尹から改名）と高国が対立し、これを機に 1519 年、阿波に逼塞していた細川澄元・三好之長が再起して兵を摂津に上陸させた。高国は防戦むなしく敗れ、翌 1520 年 2 月、義稙を奉じて近江に逃れようとしたが、義稙はこれを拒んだため、高国のみ近江へと下った。義稙は高国を見限って澄元を選んだのである。

　結局この判断は義稙の失脚につながった。同年 5 月、高国の軍勢が近江から入京し、三好之長と激突してこれを破り、之長を自害に追い込んだ。その後ふたたび京都を逐われた澄元は 6 月に没する。義稙も翌 1521 年（大永元）3 月、堺を経て淡路へと退去することになったのである。

義晴の登場と将軍家の分裂（堺幕府）

　これを受け高国は、播磨守護赤松義村のもとで養育されていた 11 歳の義澄遺児を迎え将軍に立てる。義晴である。義晴はこの年の 12 月に元服し、征夷大将軍に任ぜられた。

　室町殿義晴の施政前期は高国に支えられていた。両者の関係は比較的良好に推移したが、義晴・高国の体制が崩壊するきっかけは、京兆家内部の対立であった。1526 年（大永 6）、高国と協力的な関

図 15 - 5　足利義晴像

係にあった従兄弟で典厩家の細川尹賢と、高国の内衆香西元盛・波多野元清・柳本賢治らが対立した。元盛・元清・賢治は実の兄弟である。この機に乗じて阿波にあった細川晴元（澄元の遺児）と三好元長（之長の孫）が挙兵して、三好氏の軍勢と合流した波多野・柳本軍が高国軍を破り、義晴・高国は近江に逃れる。

　翌1527年3月、晴元と元長は、義澄のもう一人の遺児義維を擁して堺に至り、ここに拠点を定めて政務を行った。この義維の権力体を「堺幕府（公方府）」と呼ぶ。いっぽうで義晴も近江に逃れたあとは同国朽木にしばらく滞在せざるをえず、二つの権力体（幕府）が京都をはさんで並立するという事態に立ち至る。

細川高国・三好元長没後の後期義晴政権

　ここで視点を三好元長にすえて、あらためてこの時期の政治過程を追いかけてみよう。前述のとおり三好氏は阿波の国人であり、阿波守護細川氏の家臣として、元長の祖父之長が細川澄元の下で頭角をあらわした。之長が細川高国と戦って敗死し、澄元も没した1520年（永正17）以降、阿波細川氏と三好氏の動きは静かになる。その後、1526年から翌1527年にかけての高国

図15-6　三好元長像

と内衆たちとの確執のなかで、澄元遺児の晴元と之長孫の元長が義維を擁して堺に入り、「堺幕府」を支えるに至った。ここまでの経緯はすでに述べたとおりである。

　近江にあった義晴・高国と、義維・晴元・元長らの「堺幕府」は、それぞれの思惑から和睦にむけ接近したり、決裂したりを繰り返した。そ

のなかで 1529 年（享禄 2）、晴元と元長の関係が悪化し、元長は阿波に帰国したとされる。晴元の父澄元は、京兆家の譜代内衆らを統率することができておらず、晴元は、阿波や摂津の国人たちを配下に組織して権力を構築せざるをえなかったという。晴元を支える武士たちもまた一枚岩ではなかった。

　元長が阿波に帰国することになった背景には、高国を追うことに成功して力をつけた柳本賢治が、晴元を動かし義晴と和睦させたことがあるという。義晴と晴元の和睦によって排除されたのは、元長だけでなく、高国もしかりである。高国はその後伊勢北畠氏や越前朝倉氏に支援を要請するもののうまくゆかず、出雲の尼子氏や播磨守護赤松晴政の重臣浦上村宗の協力を取りつけ、翌 1530 年、摂津へと侵攻した。

　ここで晴元は先に対立した阿波の元長を頼ったのである。後世の軍記の記述ではあるが、晴元は先非を悔い、元長に詫びをいれて協力を依頼したのだという。元長はこれに呼応して出陣し、1531 年 6 月、高国軍を破って高国を自害に追い込んだ。

　ところがふたたび晴元と元長の関係が険悪になる。元長の大叔父にあたる三好一秀が、晴元配下の柳本氏と合戦に及んだため、怒った晴元は元長を罰そうとした。仲裁に入った弟の阿波守護細川氏之の説得にも耳を貸さず、本願寺証如に協力を求めて元長を自害に追い込んだのである。1532 年（享禄 5）3 月のことであった。これによって元長が支えていた「堺幕府」の義維は力を失い、この年の 11 月（7 月に天文と改元）、義晴と晴元は和睦したとされる。

　ただ、高国の弟晴国や本願寺の勢力により、洛中の情勢が不安定だったために義晴はすぐに帰洛することはできなかった。帰洛が実現したのは、1534 年（天文 3）9 月のことである。室町殿義晴を一貫して支えていたのは近江守護六角定頼（高頼の子）であり、義晴の近江滞在中も

定頼の支援があった。定頼は晴元の岳父でもあり、義晴帰洛後も近江に
あって支援を続けたとされる。晴元も義晴帰洛直前に上洛し、その後京
兆家の家督相続を承認されたという。

　義晴は、近江に留まった定頼の代わりに将軍を補佐する体制として、
内談衆を設けた。将軍直臣から選ばれた者により組織され、彼らは訴
訟処理や政務に関する諮問に預かった。義晴は帰洛してまもない1536
年に、27歳の若さで、誕生したばかりの嫡子菊幢丸（のちの義輝）に
家督を譲ると同時に、内談衆を設置したという。もちろん政務は室町殿
として義晴が執り続ける。晴元は有力大名の一人にすぎなくなり、政元
以降、畿内の政治を動かしてきた京兆家の役割は、相対的に大きく低下
することになる。

2. 三好長慶の登場と三好氏の政治

三好長慶の登場

　三好元長の嫡子千熊丸（のちの長慶）は、元長が細川晴元らによって
攻められ、自害する直前に阿波に逃がされたという。同じ年（1532年）
に義晴・晴元が和睦したあと、本願寺の勢力が晴元と対立し、晴元も翌
年阿波に下国を余儀なくされた。このとき
に晴元は、みずからが死に追いやった元長
の子長慶らに支援を求め、長慶もこれに応
じたとされる。1536年9月に晴元が阿波
から上洛し、義晴に出仕したとき長慶もこ
れに従い、摂津越水城主となった。越水は
港町西宮を支配する海陸交通の要衝であ
り、長慶は事実上の摂津守護代格であった
と評価されている。これによって三好氏は

図15-7　三好長慶像

図 15 - 8　昭和 30 年代の越水城跡
（現在では住宅地が広がっている）

摂津の武士たちを傘下に編成することになった。松永久秀もそうした者
の一人だったという。

　1543 年（天文 12）、かつて高国と協力関係にあった従兄弟尹賢の子氏
綱が、高国の跡目と称して挙兵し、河内畠山氏の後ろ盾を得て京都をう
かがう勢いをみせた。このとき室町殿義晴は氏綱と手を結んだため、晴
元は丹波へ逃れた。その後長慶は晴元を支援し、氏綱方と戦って勝利を
収め、1547 年、今度は義晴・義輝父子が近江へと逃れることになった。

　しかしその後晴元と長慶が対立するに至り、長慶は晴元に敵対する氏
綱と同盟を結んだ。長慶は、氏綱を支えていた河内守護代を務める有力
者遊佐長教の娘を室に迎え、1549 年、晴元方と摂津江口に戦い、勝利
した。長慶・氏綱の連携が確固たるものとなったのである。ただ、同
1550 年に長慶の岳父でもあった長教が暗殺され、翌 1551 年に晴元岳父
六角定頼が死去するといった有力者の死没が続き、将軍家・細川氏・三
好氏をめぐる情勢に変化が生じた。

　六角定頼の跡を継いだ義賢は、1546年に将軍となっていた義輝と長慶の和睦を取り結び、1547年、義輝が京都に帰還することになった。このとき氏綱が京兆家家督として認められる。そして晴元は隠居し、晴元の嫡男聡明丸（のちの昭元・信良）は長慶に預けられる。長慶は幕府に近侍する御供衆という立場となり、将軍家の直臣に位置づけられた。しかしその後、義輝はふたたび長慶と対立して戦いとなり、1553年に義輝は朽木へ退座することを余儀なくされた。

　この直前（1553年3月）に長慶は義輝・晴元・氏綱といった将軍家や京兆家家督と並ぶ従四位上の位階に叙された。分裂と対立抗争を繰り返してきた将軍家・細川京兆家がこの過程で力を失うなか、朝廷は長慶を彼らに代わる権力者とみなし、それまで将軍家が当たってきた朝廷に関わる事柄は長慶が担うことになる。

　1556年（弘治2）に禁裏御所の修築が行われたとき、これを命ぜられたのは長慶とその重臣松永久秀のみだったという。さらに弘治の年号を改元することになったとき、朝廷は近江にあった室町殿義輝ではなく長慶に相談しながらことを進めたという。改元は義満以来室町殿が何らかの形で相談を受けたり、儀式にかかわる費用を拠出している朝廷の重要行事であるが、室町殿はもはや蚊帳の外にあった。長慶は1560年（永禄3）には正親町天皇の即位費用を献上し、即位式には警固役も務めた。

　長慶も所領の安堵など朝廷保護の姿勢を示し、またいっぽうでは、1555年（天文24）に起きた出雲の安来清水寺と鰐淵寺の座次相論のときには、天皇が下した裁許を批判して再審を要求するなど、朝廷政務に問題があるときには積極的に助言を行っている。

　近年この時期の足利将軍家や細川氏の研究が深化し、また三好氏に関わる史料が収集され、それらをもとに三好氏の研究も大きな進展をみせ

ている。そのなかで長慶
は、織田信長以前の「天
下人」であったという評
価がなされるようになっ
た。

　たしかに、室町殿や京
兆家とかかわりなく政務
を行い、朝廷も彼を頼り
にするという関係や、京
都から距離を置いたとこ
ろに居城を構える（摂津
芥川山城・河内飯盛山
城）といった点に長慶と
信長との共通点がある。

図 15 - 9　三好氏関係地図

図 15 - 10　飯盛山城跡からの大阪平野の眺望
　　　　　（先には六甲の山並み（摂津国）や淡路島も見え、
　　　　　三好氏の支配地域が一望できる）

畿内の領域支配という点でみても、1560年に河内を平定し、1562年には松永久秀が大和に多聞山城を築いて、三好氏が大和を支配することを世の中に示した。ここまでみてきたような、畿内の領国化をめぐる室町殿と京兆家の相克から脱却し、三好氏により畿内政治が別の段階に立ち至ったということができる。

足利義輝の政治と永禄の変

弘治から永禄への改元のときに諮問にあずからず、これに反発して弘治の年号を使用していた室町殿義輝は、1558年（永禄元）12月に長慶と和睦し帰洛した。そのあと義輝は諸大名に上洛を促したとされ、尾張の織田信長や越後の長尾景虎（上杉謙信）がこれに応じている。もともと守護の立場になく、実力で領域支配を成し遂げた者たちが、自分たちの支配に正統性を与えるのは、三好氏ではなく将軍家の権威であると判断したという指摘がある。たしかに、のちに当の信長が足利義昭の下で存在感を示し、義昭が京都を退座して信長が「天下人」とみなされるに至っても、なお敵対する者が跡を絶たなかった現実を考えると、長い時間をかけて形成されてきた室町時代の政治秩序に反する存在に対しての拒否反応は根強くあったようである。

図15-11　足利義輝像

図15-12　三好義継像

義輝帰洛後の1559年2月に長慶嫡子孫次郎は義輝に謁見し、その年

のうちに偏諱「義」を与えられ、義長（のち義興）と名乗り、三好氏権力の継続性は保証されたかのようにみえたが、その義興は1563年に22歳で早逝し、長慶の弟十河一存の子重存が養子となった（のちの義継）。長慶も1564年、飯盛山城において没した。43歳であった。

　義輝は近江にあったときから、地方の戦国大名に対し栄典や偏諱を積極的に授与し、将軍を頂点とする政治秩序の再構築を進めようとしてきた。しかし新興勢力を幕府秩序に位置づけることは従来の伝統の破壊と受け取られ反発を買ったほか、義輝が積極的に関与した戦国大名同士の和睦調停も場当たり的であったと、その評価は決して高くない。

　いっぽうで従来の政治秩序から外れる代表的存在である三好氏も、長慶が死去したあと、権力の維持を図ってゆく必要があった。そこに生じたのが、1565年5月に起きた義輝の殺害事件（「永禄の変」）である。三好重存と松永久秀の子久通が兵を率いて義輝に出仕し、それぞれ「義」の偏諱と官職を授けられた直後（重存はこのとき義継を名乗る）、義輝を攻撃して殺害に及んだのである。

　義継・久通両者による義輝殺害の動機をめぐっては、これまでいくつかの説が出されている。義輝を廃し、もう一つの将軍家の系統である義稙系（義稙―義維―義栄）を擁立しようとした、殺害まで意図はなく、御所を包囲して何事かを訴えようとしたら収拾がつかなくなった、三好氏が将軍にとって代わろうとした、といった考え方である。いずれにしても、これによって将軍家と三好氏の連携は決定的に決裂し、かつて三好元長の死によって逼塞を余儀なくされていた義維の系統が、ふたたび表舞台に浮上してくることになる。

3. 足利義昭・織田信長の上洛と「天下人」信長の誕生

足利義昭の上洛

　義輝が殺害されたとき、後継者候
補となりうる弟二人のうち、相国寺
鹿苑院の周嵩も殺害され、いっぽ
うの奈良興福寺一乗院の覚慶（の
ちの義昭）は捕らえられた。しかし
その後脱出し、近江の和田惟政を
頼った。覚慶は義輝の1歳下の同母
弟であり、このとき28歳であった。
その後覚慶は、諸大名に対し協力を

図 15 - 13　足利義昭像

要請し、上洛を働きかけながら、近江矢島へ居を移す。1566年に還俗
して義秋と名乗り、織田信長の協力を得て上洛を計画した。ところが近
江六角氏が離反したためこの計画は頓挫した。その後若狭を経て、朝倉
氏を頼り越前へと移っている。

　長慶没後の三好氏も分裂の危機にあった。松永久秀と、三好長逸・同
宗渭・石成友通のいわゆる「三好三人衆」と称される家臣たちとの間で
対立が生じた。三人衆は、阿波にあった義維の子義栄の将軍擁立を画策
する。義維・義栄父子は1566年に摂津富田に移り、いまだ義秋が越前
にあった1568年2月に義栄が将軍宣下を受けたのである。

　越前の義秋は同年4月、朝倉義景を加冠役として元服し、名を義昭
と改めた。しかし義景が上洛の後押しをしてくれないと悟るや、越前か
ら織田信長が支配する美濃に入り、ふたたび信長とともに上洛すること
を計画する。このときの二人の行動は速く、7月に義昭が美濃に入る
と、9月には上洛のため美濃を出発し、途中これを遮る動きを見せた六

角氏と戦って斥けると、同月下旬に上洛を果たして、すぐさま三好長逸らが籠もる三好方の摂津芥川山城を攻撃し、これを落とした。三人衆と対立していた松永久秀は、芥川山城に参仕して、茶器「つくもがみ」を献上、義昭・信長より大和の支配を認められる。

　近年、義昭の権力基盤をめぐる研究が進展し、義昭と信長の関係についても新たな見方が提示されている。これまでは、信長が天下獲りのために義昭を傀儡とし、"義昭を擁して"上洛したといった表現で説明されてきた二人の上洛が、義昭に信長が従って上洛したと考えられるようになってきた。あくまで上洛主体は義昭であり、信長はそれを支える一大名、たとえていうなら、永正年間に義尹の後ろ盾として上洛した大内義興のような立場であったということになる。

■史料　永禄９年の義昭の上洛計画

ご退座の砌、その国馳走をもって別儀なく候。しからばご入洛お供として織田尾張守参陣候。いよいよ頼み思しめされ候条、このたび別して忠節を抽んでらるる様、相調えらるれば、ご祝着たるべきの由に候。よって国中へ御檄下さるべく候間、これらの通り相触れられ、参会の儀、相調えらるべく候。定日次第御使を差し越さるべく候。なお巨細高勘・高新・冨治豊申さるべく候。恐々謹言。

　　　八月廿八日　　（三淵）藤英（花押）

　　　　　　　　　　（一色）藤長（花押）

　　菊川殿

《現代語訳》　奈良から脱出したとき、あなたの国の武士たちが協力したおかげで義昭様はご無事でありました。さすれば義昭様のご入洛の供として織田信長が参陣することになりました。いよいよ頼みにしているので、今回も特に忠節を尽くすよう準備していただければ嬉しいという義昭様の仰せです。（以下略）

永禄９年（1566）に足利義昭が信長の協力を得て上洛を計画したとき、伊賀・山城の武士たちに宛てて出そうとした書状のうちの一通

（典拠：米田家文書　『針薬方』『独見集』紙背文書）

　10月に二人は京都に戻り、義昭は征夷大将軍に任ぜられた。義昭は信長に副将軍か管領への就任を要請したが、信長はこれを辞退して岐阜に戻る。上洛に対する協力を謝した信長宛の義昭御内書の宛名には「御父」と敬称が付いている。最大限の敬意が込められていた。

義昭の政治

　義昭は室町幕府を旧来のあり方に復そうとしたとされている。兄義輝殺害以来、逃亡の身を支え、また上洛後の三好三人衆らとの戦いに功のあった者（和田惟政・三好義継・松永久秀ら）に対し、畿内各国（郡単位の場合もある）の守護とし、京都を守らせるとともに、奉公衆も整備したという。また、畠山氏・細川氏を再興させ、残る管領家の斯波家については、斯波家の被官筋にあたる織田信長に継がせようと考えていたようである（信長は辞退する）。奉公衆による室町殿の軍事力強化と、伝統的な有力守護家による幕府体制の基盤構築を目指した。

　上洛した翌年1569年正月に、義昭と信長は「殿中 掟」という将軍御所内での規範を定めている。そこでは、将軍に近侍する直臣たちの職務規律が取り決められた。さらに、同じ日に定められた掟の追加第一条には、寺社本所領の押領を堅く禁止するとある。義昭の室町殿としての政治方針として義満以来の寺社本所領保護という考え方がやはりあった。翌1570年正月には、諸国の大名に上洛を促す触状を出した。これもまた有力守護が在京していた幕府最盛期の体制への復古とみることもできる。

　こうして義昭は信長の協力のもと、室町幕府再興のための諸政策に取り組んだが、畿内における政治秩序を維持するための軍事的な主導権は、義昭から信長に委ねられていた。それを示すのが、1570年正月に両者の間で取り決められた5か条の条書である。このなかで「天下の

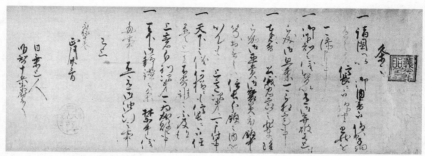

図 15－14　5 か条の条書

儀」は信長に任せ置かれたとある。この場合の「天下」とは、畿内とその周辺地域を指す言葉であり、政治の全権ではなく軍事的な権限が信長に委譲されたと考えられる。こうした「天下」地域の秩序維持を示す当時の言葉に「天下静謐」がある。信長も義昭も、「天下静謐」を最終的な目標として、その実現を目指したのである。

義昭追放と「天下人」織田信長の政治

　上洛以来、義昭と信長は、畿内およびその周辺を脅かす敵対勢力の鎮圧に常に意を注がなければならなかった。1570 年（元亀元）には、若

狭の武藤氏を討つために出陣したところ、信長の妹婿である北近江の領主浅井長政が離反し、越前の朝倉義景と手を結んだ。その年 6 月にあった姉川の戦いに勝利はしたが、浅井・朝倉氏との間の軍事的緊張は続き、両軍は京都近辺まで迫った。さらに 9 月に大坂本願寺も敵対するなど、このときの衝突は「志賀の乱」と呼ばれ、義昭・信長にとって政治的・軍事的危機となった。

図 15－15　織田信長像

　翌 1571 年 9 月、信長は志賀の乱のおり協力要請を無視した比叡山延暦寺を焼打ちして勢力削減を図った。そして 1572 年 10 月、甲斐の武田信玄が信長・徳川家康との同盟関係を破棄して徳川領国への侵攻を開始するのである。

　義昭と信長の対立が表面化するのは、この年の年末頃のことである。信長が義昭に対して 17 か条の条書を提出し、義昭による政治の乱れを諫めた。このなかで信長は、1570 年正月に取り交わした 5 か条条書を義昭が守らないことや、朝廷への奉仕を怠っていること、公平な裁判が行われていない、しかるべき幕臣に恩賞が与えられていない、私欲にふけって金銭を蓄えていることなどを指摘し、義昭の失政を咎めている。

　義昭が信長に対し「御逆心」して蜂起するのは、翌 1573 年 2 月のことである。このときは 4 月に、室町殿たる義昭が京都を守る力がないことを世間に示す意図で信長が京都の上京を放火するという行動に出、その後正親町天皇の仲裁もあって両者は和睦したものの、結局 7 月に義昭が再蜂起して、このときは籠城した山城槇嶋城を包囲され、屈服を余儀なくされた。義昭は 2 歳の嫡子を人質に差し出し、京都から退去させられた。その後信長は勢いを駆って浅井氏・朝倉氏攻めを敢行し、それぞれを滅ぼすことに成功している。義昭は、この年の年末にもたれた帰洛交渉のときも条件を出すなど強気の姿勢を崩さず、結局紀伊などに逼塞したのち、毛利氏を頼ることになるのである。

　7 月に京都を退去したあと、信長の奏請により改元され、年号は元亀から天正となった。その年のうちに、信長は正親町天皇の嫡子誠仁親王への譲位挙行を申し入れるなど、積極的な朝廷支援の姿勢を見せ、朝廷も信長に対し翌 1574 年（天正 2）3 月には従五位下の位階と昇殿の待遇を与えて、将軍不在の畿内における政治権力者として、信長に期待を寄せるようになる。

　1574年は、朝倉義景を討ったあとに勢力を伸ばした一向一揆により越前を失ったり、前年に死去した信玄の跡を継いだ武田勝頼による東美濃や遠江への侵入を受けた。また畿内では本願寺勢力に対処することで一年が過ぎた。

　翌1575年が信長にとって一つの区切りの年となる。この年3月に上洛した信長は、売却などにより本来の領主の支配から離れていた寺社本所領の還付を目的とした徳政を施行し、さらに公家たちに身分に応じて米を給付する。この年の正月の時点で、寺社本所領を押領する代官たちの排除を命じてもいた。こうした信長による朝廷や寺社本所、すなわち荘園領主らの保護は、室町殿以来の為政者による一貫した施策であったことは、すでにみてきたとおりである。義昭がいなくなり、その立場を受け継いだ信長の畿内における政治方針は、ここから大きく逸脱するものではないことを示している。

　5月に長篠の戦いが起き、このとき武田勝頼の軍勢に大勝した信長は、8月には越前に攻め入って一向一揆を殲滅した。11月には従三位・権大納言兼右大将に叙任された。右大将は源頼朝が任ぜられて以来、武家の棟梁として由緒のある官職である。同じ月、武田氏の支配下にあった美濃岩村城を攻略し、さらに本願寺とも和睦する。なお敵対勢力として武田氏が残っていたものの、このときの信長は「天下安治」（畿内が政治的に安定した状態）目前という思いを抱いていた。それもあって、織田家の家督と居城の岐阜城を嫡子信忠に譲り、翌1576年から、安土城の築城を開始するのである。彼は、室町殿不在の畿内を、室町殿に代わって治める「天下人」だと、みずからの立場を認識したのであった。

参考文献

天野忠幸『三好長慶　諸人之を仰ぐこと北斗泰山』（ミネルヴァ書房、2014 年）

天野忠幸『三好一族と織田信長　「天下」をめぐる覇権戦争』（戎光祥出版、2016
　年）

天野忠幸『松永久秀と下剋上　室町の身分秩序を覆す』（平凡社、2018 年）

池上裕子『日本の歴史 15　織豊政権と江戸幕府』（講談社、2002 年）

今谷明『戦国三好一族　天下に号令した戦国大名』（洋泉社 MC 新書、2007 年）

臼井進「日野晴光跡をめぐって」（『日本歴史』878、吉川弘文館、2021 年）

金子拓『織田信長〈天下人〉の実像』（講談社現代新書、2014 年）

金子拓『織田信長権力論』（吉川弘文館、2015 年）

金子拓『裏切られ信長　不器用すぎた天下人』（河出文庫、2022 年）

神田千里「中世末の『天下』について」（神田千里『戦国時代の自力と秩序』吉川
　弘文館、2013 年）

神田千里『織田信長』（ちくま新書、2014 年）

神田裕理『戦国・織豊期の朝廷と公家社会』（校倉書房、2011 年）

木下昌規『足利義晴と畿内動乱　分裂した将軍家』（戎光祥出版、2020 年）

木下昌規『足利義輝と三好一族　崩壊間際の室町幕府』（戎光祥出版、2021 年）

久野雅司『足利義昭と織田信長　傀儡政権の虚像』（戎光祥出版、2017 年）

黒嶋敏「足利義昭の代始め徳政」（『日本歴史』886、吉川弘文館、2022 年）

末柄豊「細川氏の同族連合体制の解体と畿内領国化」（石井進編『中世の法と政治』
　吉川弘文館、1992 年）

谷口克広『戦争の日本史 13　信長の天下布武の道』（吉川弘文館、2006 年）

谷口克広『信長と将軍義昭　連携から追放、包囲網へ』（中公新書、2014 年）

馬部隆弘『戦国期細川権力の研究』（吉川弘文館、2018 年）

浜口誠至『在京大名細川京兆家の政治史的研究』（思文閣出版、2014 年）

平野明夫編『室町幕府全将軍・管領列伝』（星海社新書、2018 年）

古野貢『中世後期細川氏の権力構造』（吉川弘文館、2008 年）

村井祐樹『六角定頼　武門の棟梁、天下を平定す』（ミネルヴァ書房、2019 年）

山田邦明『全集日本の歴史 8　戦国の活力』（小学館、2008 年）

研究課題

○室町将軍家の分裂と細川京兆家の分裂を軸に、戦国時代の政治史を描
　くことができる。それぞれの集団の離合集散の様相を、時間を追って
　うまく整理してみよう。

○室町幕府の混乱のなかから、幕府とは一定の距離を置いた武家権力者
　である三好氏や織田信長が生まれてくる。彼らと幕府との関係や、朝
　廷などが彼らにとった対応は、明らかに新しい権力者の誕生を意味し
　ていた。なぜ彼らのような権力者が生まれてきたのかを考えてみよ
　う。

写真・図版出典一覧

図版番号	内　　容	出典・所蔵先／写真提供・協力
1-1	海東諸国総図	東京大学史料編纂所
1-2	太良庄を探訪する網野善彦	岩波書店編集部編『回想の網野善彦『網野善彦著作集』月報集成』（岩波書店、2015 年）79 頁
2-1	新人の世界への拡散過程	『日本人はるかな旅展』図録（国立科学博物館・NHK、2001 年）をもとに作成
4-1	蘇我氏と天皇家の略系図	加藤謙吉『大和の豪族と渡来人』（吉川弘文館、2002 年）をもとに作成
4-2	藤原京京域図	小澤毅『日本古代宮都構造の研究』（青木書店、2003 年）221 頁
5-2	律令編目一覧	大津透『律令制とはなにか』（山川出版社、2013 年）22 頁
5-3	内裏・大極殿・朝堂院変遷図	『岩波日本史辞典』（岩波書店、1999 年）1399 頁
5-4	律令制下の租税の種類と用途	早川庄八「律令国家の権力機構」（『日本歴史大系　1　原始・古代』山川出版社、1984 年）516 頁
5-6	平城宮図	渡辺晃宏『日本古代国家建設の舞台　平城宮』（新泉社、2020 年）7 頁をもとに作成
6-2	古代東北要図	『岩波日本史辞典』（岩波書店、1999 年）1398 頁
6-3	受領の交替から功過定までのプロセス	佐々木恵介『受領と地方社会』（山川出版社、2004 年）48 頁
7-1	内裏図	『日本史広辞典』（山川出版社、1997 年）1316 頁をもとに作成
8-6	仁和寺薬師如来坐像	仁和寺
8-7	法金剛院阿弥陀如来坐像	法金剛院
8-8	安楽寿院阿弥陀如来坐像	安楽寿院
8-9	北向山不動院半丈六不動明王像	北向山不動院
8-10	大覚寺五大明王像	旧嵯峨御所　大本山大覚寺

図版番号	内　容	出典・所蔵先／写真提供・協力
8-12	平泉	五味文彦『中世社会のはじまり』（岩波書店、2016 年）134 頁
8-13	法住寺殿	梅村重之氏（3D 京都）の図をもとに作成 https://3dkyoto.blog.fc2.com/blog-entry-493.html
9-3	関東下知状	山形大学小白川図書館
9-4	九条頼経袖判下文	国立歴史民俗博物館
9-6	皇統の分裂	近藤成一『鎌倉幕府と朝廷』（岩波書店、2016 年）164 頁をもとに作成
9-7	女院領の伝領	同上 168 頁をもとに作成
10-1	モンゴル時代のアフロ・ユーラシア	近藤成一編『日本の時代史 9　モンゴルの襲来』（吉川弘文館、2003 年）112-113 頁
10-2	大山寺縁起絵巻に描かれた栄西	東京大学史料編纂所
10-3	博多宋人石碑	執筆者撮影
10-4	東大寺南大門北側の獅子石像	東大寺
10-5	大蒙古国皇帝国書写	東大寺図書館／奈良国立博物館
10-6	モンゴルの第 1 次侵攻	近藤成一『鎌倉幕府と朝廷』（岩波書店、2016 年）111 頁
10-7	モンゴルの第 2 次侵攻	同上 118 頁
10-8	御恩奉行安達泰盛に訴える竹崎季長	宮内庁三の丸尚蔵館
10-9	本字号勘合	妙智院／京都国立博物館
11-1	薩摩国日置北郷下地中分堺絵図	東京大学史料編纂所
11-2	たまがき書状并備中国新見庄代官祐清遺品注文	東寺百合文書 WEB
13-1	足利義満像	鹿苑寺／相国寺承天閣美術館
13-2	二条良基像	同志社大学歴史資料館
13-3	義満花押	『書の日本史　第九巻　古文書入門、花押・印章総覧、総索引』（平凡社、1976 年）254 頁

図版番号	内　容	出典・所蔵先／写真提供・協力
13-4	室町時代頃の京都	高橋康夫・吉田伸之編『日本都市史入門1　空間』（東京大学出版会、1989年）をもとに作成
13-5	後円融天皇像	雲龍院
13-6	後小松天皇像	雲龍院
13-7	足利義持像	神護寺／京都国立博物館
13-9	足利義教像	東京大学史料編纂所
13-10	満済像	醍醐寺
13-13	細川持之像	弘源寺
14-1	足利義勝木像	等持院
14-2	足利義政像	若宮八幡宮社
14-6	日野富子木像	宝鏡寺
14-7	細川政元像	龍安寺
14-8	足利義稙（義材）木像	等持院
14-10	足利義澄木像	等持院
15-1	細川澄元像	公益財団法人永青文庫
15-2	細川高国像	東林院／京都国立博物館
15-4	三好之長像	見性寺
15-5	足利義晴像	京都市立芸術大学芸術資料館
15-6	三好元長像	見性寺
15-7	三好長慶像	南宗寺
15-8	昭和30年代の越水城跡	『西宮市史　第1巻』（西宮市、1959年）567頁／西宮市
15-10	飯盛山城跡からの大阪平野の眺望	執筆者撮影
15-11	足利義輝像	京都市立芸術大学芸術資料館
15-12	三好義継像	京都市立芸術大学芸術資料館
15-13	足利義昭像	東京大学史料編纂所
15-14	5か条の条書	石川武美記念図書館　成簣堂文庫
15-15	織田信長像	長興寺（豊田市）／豊田市

索　引

●配列は五十音順。

●な

●に

分担執筆者紹介

金子　　拓（かねこ・ひらく）

・執筆章→ 13・14・15

1967年	山形県に生まれる
1990年	東北大学文学部史学科国史専攻卒業
1997年	東北大学大学院文学研究科博士課程後期修了
1995年	日本学術振興会特別研究員
1998年	東京大学史料編纂所助手
現在	東京大学史料編纂所准教授

博士（文学）東北大学、1997年

専攻　　日本中世史

主な著書　『中世武家政権と政治秩序』（吉川弘文館、1998年）

　　　　　『織田信長という歴史　『信長記』の彼方へ』（勉誠出版、
　　　　　2009年）

　　　　　『記憶の歴史学　史料に見る戦国』（講談社、2011年）

　　　　　『織田信長〈天下人〉の実像』（講談社、2014年）

　　　　　『織田信長権力論』（吉川弘文館、2015年）

　　　　　『鳥居強右衛門　語り継がれる武士の魂』（平凡社、2018年）

　　　　　『信長家臣明智光秀』（平凡社、2019年）

編著者紹介

近藤　成一（こんどう・しげかず）
・執筆章→ 1・8・9・10・11・12

1955年	東京都に生まれる
1982年	東京大学文学部卒業
1984年	東京大学大学院人文科学研究科修士課程修了
2016年	博士
現在	放送大学教授・東京大学名誉教授
専攻	日本中世史
主な著書	『鎌倉時代政治構造の研究』（校倉書房、2016年）
	『シリーズ日本中世史2　鎌倉幕府と朝廷』（岩波書店、2016年）
	『執権　北条義時』（三笠書房、2022年）

坂上　康俊 （さかうえ・やすとし）

・執筆章→ 2 〜 7

1955年	宮崎県に生まれる
1983年	東京大学大学院人文科学研究科博士課程（国史学）中退
	東京大学文学部助手
1985年	九州大学文学部専任講師
1987年	同助教授
1999年	同教授
2021年	九州大学名誉教授
現在	放送大学客員教授、九州大学名誉教授
主な著書	『唐令拾遺補』（共編、東京大学出版会、1997年）
	『律令国家の転換と「日本」』（講談社、2001年。学術文庫
	2009年、漢訳2021年）
	『平城京の時代』（岩波新書、2011年）
	『摂関政治と地方社会』（吉川弘文館、2015年）
	『古代中世の九州と交流』（編著、高志書院、2021年）

放送大学教材　1559320-1-2311（テレビ）

古代中世の日本

発　行　　2023 年 3 月 20 日　第 1 刷

編著者　　近藤成一・坂上康俊

発行所　　一般財団法人　放送大学教育振興会

　　　　　〒 105-0001　東京都港区虎ノ門 1-14-1　郵政福祉琴平ビル

　　　　　電話　03（3502）2750

市販用は放送大学教材と同じ内容です。定価はカバーに表示してあります。

落丁本・乱丁本はお取り替えいたします。

Printed in Japan　ISBN978-4-595-32393-5　C1321